"재미있는 놀이로 알아보는"

# 언플러그드
# 교과서-2

KB081705

아티오
ArtStudio

# 재미있는 놀이로 알아보는
# 언플러그드 교과서 - 2

2019년 4월 20일 초판 인쇄
2019년 4월 30일 초판 발행

**펴낸이**  | 김정철
**펴낸곳**  | 아티오
**지은이**  | 전재천 / 김동현 / 이정서 / 김진수 / 전용욱 / 박대륜 / 장준혁 / 유원진
**감　수**  | 대구초등컴퓨팅교사연구회(CAESD)
**표　지**  | 김지영
**삽　화**  | 한혜원
**편　집**  | 이효정
**전　화**  | 031-983-4092
**팩　스**  | 031-983-4093
**등　록**  | 2013년 2월 22일
**정　가**  | 15,000원
**주　소**  | 경기도 김포한강11로 322 더파크뷰테라스 551호
**홈페이지** | http://www.atio.co.kr

* 아티오는 Art Studio의 줄임말로 혼을 깃들인 예술적인 감각으로 도서를 만들어 독자에게 최상의 지식을 전달해 드리고자 하는 마음을 담고 있습니다.

# 이 책에 대하여

 소프트웨어 교육이 필수로 자리 잡은 시점에서 언플러그드란 컴퓨터 없이 과학적 사고를 향상시킬 수 있도록 해주는 학습 활동을 의미합니다.

 아이들은 언플러그드 놀이를 통해 컴퓨터의 원리를 배우면서 소프트웨어를 만드는 코딩 능력을 자연스럽게 몸에 익힐 수 있습니다.

 이 책은 언플러그드 놀이를 처음 접하는 초급반과 중·고급반으로 나누어 2권으로 구성되었습니다. 또한, 단순한 언플러그드 놀이에만 국한시키지 않고 뒷 부분에서 최종 목표인 컴퓨터를 이용한 소프트웨어를 만들 수 있도록 간단한 코딩 학습도 포함시켰습니다.

 이 책에는 활동지가 부록으로 같이 제공되고 있습니다.

각 차시별로 책의 내용을 참고로 하여 아이들이 해야 할 기초적인 내용들을 알려준 다음, 직접 활동지에 스스로 판단한 결과를 표시하도록 합니다.
그런 다음 왜 그렇게 표기했는지 같이 토론하다 보면 자연스럽게 소프트웨어에 대한 개념을 잡아갈 수 있을 것입니다.

# 추천사

흔히 4차산업혁명 시대로 이야기되는 현재 교육과 산업의 흐름을 살펴보면 우리 학생들은 격변의 시대에 살고 있음을 느낍니다. 인공지능이 발달하며 음성 인식, 자율 주행차, 빅데이터 등 컴퓨터를 활용한 기술이 일상생활에서 자연스럽게 사용되는 것을 보면 우리 학생들이 미래를 대비하기 위한 역량을 기르기 위해 어떤 교육이 이루어져야 할지 고민이 생깁니다.

삶의 모든 면에 소프트웨어를 중심으로 하는 변화가 가속화되면서 학생들은 기존의 교육 내용과는 다른 미래 사회에 적응할 수 있는 교육을 받아야 합니다. 그 중심에는 소프트웨어가 있습니다. 과거에는 어떠한 일을 수행하는 과정에서 창의성보다는 효율성에 초점을 맞추었습니다. 하지만 지금은 컴퓨터와 로봇이 이러한 단순 반복 작업을 대신하게 되었습니다. 따라서 미래사회의 주인공이 될 우리 아이들은 기존의 사고방식과는 다른 사고력을 가져야 할 것입니다. 오늘날 학생들이 만나고 해결해야 하는 문제는 정형화된 교과서 속의 문제가 아닌 실생활에 기반한 불확실하고 복잡한 문제입니다. 이러한 상황에서 학생들은 서로 협력하고 소통하며 문제 해결에 대한 아이디어를 공유할 수 있어야 합니다.

소프트웨어 교육을 통해 기르고자 하는 '컴퓨팅 사고력'은 학생들이 만나게 될 현실 세계의 복잡한 문제를 매우 효과적으로 해결할 수 있는 사고 방법입니다. '컴퓨팅 사고력'을 기르기 위해 다양한 교육 방법들이 제시되고 있지만 교육 현장에서는 어떻게 소프트웨어 교육을 시작하고 무엇으로 교육을 해야 하는지에 대한 고민이 생길 수 있습니다.

초등학생은 언플러그드 활동으로 소프트웨어 교육을 시작할 수 있습니다. 이 책을 통해 학생들은 놀이 활동 중심으로 소프트웨어를 이해할 수 있습니다. 또한 다양한 활동지를 포함한 본 교재를 활용하여 실제적인 활동을 기반으로 조금 더 깊이 있게 소프트웨어를 탐구할 수 있습니다.

기존과는 다른 새로운 사고 방법에 대한 어려움과 부담감이 있을 수도 있습니다. 하지만 다가올 미래 사회의 창의·융합형 인재가 될 수 있도록 이 책이 길잡이가 되어 줄 것으로 기대합니다.

(사) 한국정보교육학회장 박판우

# 저자의 말

소프트웨어 교육이 필수교육 내용으로 초·중학교 교육 현장에 들어오면서 교육계와 학부모들의 관심이 커지고 있습니다. 최근에는 국·영·수·코(코딩)라는 말이 나올 정도로 소프트웨어 교육에 대한 관심이 뜨겁습니다. 오랜 고민 끝에 만들어진 이 책은 어떻게 하면 초등학생들이 소프트웨어 교육에 대하여 쉽고 재미있게 다가갈 수 있을지에 대한 고민을 바탕으로 시작되었습니다. 교육 현장에서 만나는 학부모들은 다음과 같은 궁금증을 가집니다.

"소프트웨어도 학원에서 사교육을 받아야 할까요?"
"도대체 언제부터 소프트웨어를 가르쳐야 하나요?"

소프트웨어 교육에 있어서 어려운 점은 무엇을, 어떻게, 어느 수준까지 가르치는 것이 맞냐는 것입니다. 저자들은 초등학교 소프트웨어 교육의 가능성을 놀이에서 찾았습니다. 마치 블록을 가지고 노는 것처럼 신나는 놀이를 통해 소프트웨어를 온 몸으로 느낄 수 있도록 책을 구성했습니다. 아이들은 놀이를 통해 세상을 배우고 안목을 길러 나갑니다. 소프트웨어 교육 역시 이와 같아야 한다고 생각합니다. 놀이와 체험 중심의 소프트웨어 교육이 우리 아이들을 미래 인재로 길러낼 수 있습니다.

이 책은 개정 교육과정에서 제시하고 있는 소프트웨어 교육 영역 중에서 언플러그드 활동을 중심으로 구성되어 있습니다. 언플러그드(Unplugged) 활동은 컴퓨터 없이 과학적 사고를 향상시킬 수 있는 다양한 놀이 활동을 의미합니다. 신체 활동이나 보드게임과 같은 놀이 활동을 통해서 학생들은 자연스럽게 절차적 사고, 데이터의 표현, 알고리즘 등의 컴퓨터 과학을 체험하게 됩니다.

이 책이 아이들이 성장하며 만나게 되는 다양한 문제 상황을 합리적이고 창의적으로 해결해 나갈 수 있는 사고력 도우미가 되기를 바랍니다. 놀이 중심의 소프트웨어 교육을 통해 우리 아이들의 놀라운 변화를 기대합니다.

저자대표 대구매천초등학교 교사 전재천

# 차례

# CONTENTS

# 지역에서 활용되는 소프트웨어 알아보기

관련 부록 **105쪽**

## 수업 개요

| | |
|---|---|
| ★ 학습 목표 | 우리 지역에서 활용되는 소프트웨어를 찾을 수 있다. |
| ★ 모둠 구성 | 개인, 모둠(2인 또는 4인) 활동 |
| ★ 준비물 | 필기구 |
| ★ 컴퓨팅 사고력 | 자동화 |
| ★ 관련 교과 | 〈도덕〉 |

## 수업 안내

본 차시는 우리 지역에서 활용되는 소프트웨어를 찾아보고 그 기능에 대하여 이야기를 나누어 보는 활동입니다.

컴퓨팅 사고력의 자동화와 관련된 것으로, 학생들은 소프트웨어의 발달에 따라 우리 지역에도 많은 변화가 있음을 이해할 수 있게 됩니다.

## 참고 자료

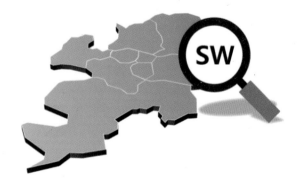

우리가 살고 있는 지역에서 소프트웨어가 사용되고 있는 사례를 알아본다.

# 생활 곳곳에서 활용되는 소프트웨어 찾아보기

● 생활 곳곳에서 활용되는 소프트웨어를 알아봅시다.

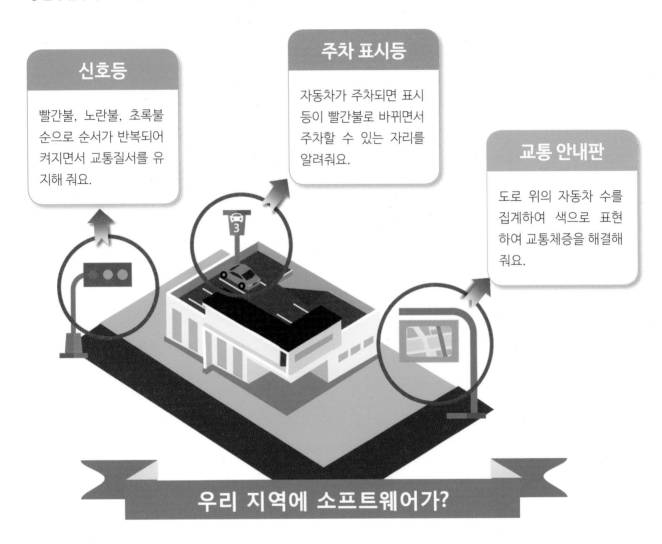

**신호등**

빨간불, 노란불, 초록불 순으로 순서가 반복되어 켜지면서 교통질서를 유지해 줘요.

**주차 표시등**

자동차가 주차되면 표시등이 빨간불로 바뀌면서 주차할 수 있는 자리를 알려줘요.

**교통 안내판**

도로 위의 자동차 수를 집계하여 색으로 표현하여 교통체증을 해결해 줘요.

**우리 지역에 소프트웨어가?**

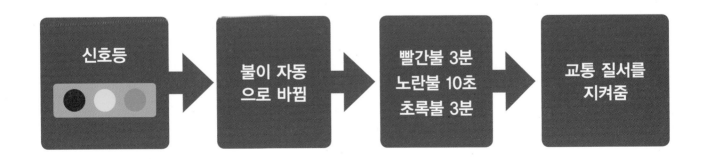

신호등 → 불이 자동으로 바뀜 → 빨간불 3분 노란불 10초 초록불 3분 → 교통 질서를 지켜줌

❶ 우리 지역에서 자동화되어 있는 것을 찾아본다.

❷ 자동화되어 있는 과정을 분석하여 소프트웨어 원리를 찾아본다.

❸ 소프트웨어가 우리 생활에 주는 이로운 점을 찾아본다.

❹ 다양한 사례들을 친구들과 공유한다.

## 우리 지역에서 활용되는 소프트웨어 찾아보기

● 우리 지역에서 소프트웨어가 활용되는 것을 찾아보고, 그 기능에 대하여 친구들과 이야기하여 봅시다.

| 버스 도착 정보 서비스 | 버스가 정류장에 도착하는 정보와 좌석 수 등을 알려줍니다. |
|---|---|
| 엘리베이터 | 버튼을 누르면 엘리베이터가 움직이고, 2대 이상인 경우 가장 가까운 엘리베이터가 작동하도록 해 줍니다. |
| 가로등 | 정해진 시간이 되거나 특수한 상황이 발생하면 자동으로 전기가 켜지거나 꺼집니다. |

# section 02 소프트웨어가 사회에 미치는 영향 알아보기

관련 부록 107~111쪽

**수업 개요**

| | | |
|---|---|---|
| ★ **학습 목표** | 소프트웨어가 가져올 미래 사회의 모습을 상상할 수 있다. |
| ★ **모둠 구성** | 개인, 모둠(2인 또는 4인) 활동 |
| ★ **준비물** | 연필(볼펜) |
| ★ **컴퓨팅 사고력** | 자료 수집, 자료 분석, 자료 표현 |
| ★ **관련 교과** | 〈실과〉, 〈도덕〉 |

**수업 안내**

본 차시에서는 과거에는 없었지만 현대 사회에서 볼 수 있는 다양한 소프트웨어 활용 모습을 찾아보고, 발전된 미래 사회의 모습도 상상해 봅니다.

컴퓨팅 사고력의 자료 수집, 분석, 표현과 관련된 것으로, 학생들은 소프트웨어가 우리 생활에 필수 불가결적인 요소임을 느끼고 그 중요성을 인식하게 됩니다.

**참고 자료**

▲ 하드웨어
기계 장치의 몸체 그 자체

▲ 소프트웨어
컴퓨터를 활용하기 위한 프로그램 체계

 **① 활동은 이렇게**

① 소프트웨어가 영향을 미친 생활 모습의 변화를 찾아본다.

② 과거와 현재의 모습 그림을 보고 관련 있는 것끼리 연결한다.

③ 위에서 살펴본 변화의 원동력이 무엇일지 생각해 보고 기록한다.

④ 소프트웨어가 우리 생활 깊숙이 관련을 미치고 있음을 인식한다.

## 소프트웨어가 가져온 변화의 모습

● 과거와 현재의 모습을 보고 관련 있는 것끼리 연결해 봅시다.

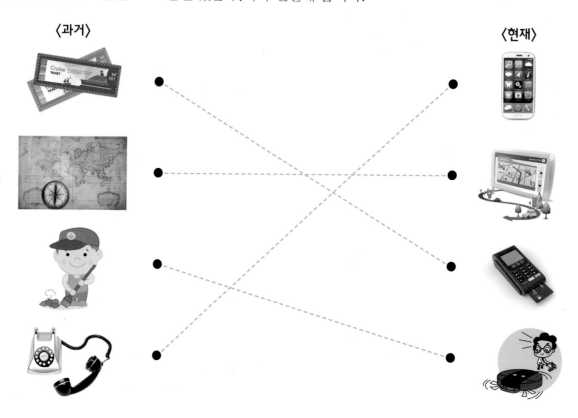

〈과거〉 〈현재〉

● 위와 같이 변화하는 데 어떤 것이 영향을 주었는지 생각해 봅시다.

| |
|---|
| 기술이 발달함에 따라 많은 변화가 생겼다. |
| 소프트웨어가 생활에서 많이 사용되게 되었다. |
| 기술이 발달하고 소프트웨어가 생활의 많은 부분에 영향을 미친다. |

●과거와 현재의 변화된 모습에 대한 예를 인터넷 검색을 통해 더 찾아봅시다.

검색 키워드

생활의 변화, 과거와 현재, 부모님 어렸을 적, 10년 전, 사회의 변화, 기술의 발전

〈과거〉

TV를 통해 정해진 뉴스 시간에만
날씨 정보를 알 수 있었다.

➡

〈현재〉

인터넷에 들어가 날씨 정보를
언제든지 쉽고 빠르게 알 수 있다.

〈과거〉

다른 사람에게 안부를 묻기 위해
편지를 주고 받았다.

➡

〈현재〉

다른 사람에게 손쉽게 화상 통화로
서로 연락할 수 있다.

〈과거〉

버스를 기다릴 때
버스 시간표를 확인하고 기다렸다.

➡

〈현재〉

버스 정류장에서 스마트폰으로
예상 도착 시간을 알 수 있다.

❶ 소프트웨어가 미래의 우리 생활에 어떤 영향을 끼치게 될지 생각해 본다.

❷ 소프트웨어가 가져올 미래 가정이나 사회의 모습을 글과 그림으로 표현한다.

   – 표현 형태는 그림, 만화, 비쥬얼 씽킹 등 다양한 형태 사용 가능

   – 현실 가능성이 없어 보이더라도 인정해 주고 수용해 줍니다.

❸ 발표하고 생각을 서로 나눈다.

## 소프트웨어가 가져올 미래의 모습

● 소프트웨어가 가져올 미래 가정이나 미래 사회의 모습을 글과 그림으로 표현해 봅시다.

미래에는 자동 주차가 가능할 것입니다. 친환경 집이기 때문에 햇빛으로 전기를 만들 것이고 환경 오염을 유발하지 않습니다. 집안의 컴퓨터가 자동으로 온도를 조절하여 항상 쾌적하게 생활할 수 있습니다.

## 03 소프트웨어와 우리 생활과의 관계 알아보기

관련 부록 113~115쪽

수업 개요

| | | |
|---|---|---|
| ★ 학습 목표 | 소프트웨어의 등장으로 과거와 현재, 미래의 모습을 비교하여 이해할 수 있다. | |
| ★ 모둠 구성 | 모둠(2인 또는 4인) 활동 | |
| ★ 준비물 | 활동지, 필기도구 | |
| ★ 컴퓨팅 사고력 | 자료 수집, 자료 분석, 자료 표현 | |
| ★ 관련 교과 | 〈실과〉 | |

수업 안내

본 차시는 우리 생활 속에서 활용되는 소프트웨어를 찾아보고 우리 생활에 미치는 영향을 알아보는 활동입니다.

컴퓨팅 사고력의 자료 수집 및 표현과 관련된 것으로, 학생들은 본 차시를 통해 소프트웨어의 의미와 소프트웨어가 가져온 생활 모습의 변화를 말할 수 있습니다.

참고 자료

생활 속에서 소프트웨어가 활용되고 있는 다양한 사례를 함께 봄으로써 우리 생활에서 소프트웨어가 많이 활용되고 있으며 앞으로는 더욱 더 많은 분야에 적용될 것이라는 것을 함께 살펴보면 좋을 것이다.

❶ 일상생활에서 경험하고 있는 소프트웨어를 발표한다.

❷ 학생들이 발표하는 경험들을 간추려 칠판에 정리한다. 또는 패들렛 등을 활용하여 모은다.

❸ 발표 결과를 보며 소프트웨어와 우리 생활과의 연관성을 살펴본다.

❹ 소프트웨어가 우리 생활 전반에 걸쳐서 영향을 주고 있음을 확인한다.

## 생활 주변의 소프트웨어 알아보기

● 일상생활에서 소프트웨어를 사용한 경험을 친구들과 이야기하여 봅시다.

온라인 쇼핑

장소에 상관없는 영화, 음악 감상

기기를 통한 소식 전달

시계를 이용한 건강 체크

● 친구들의 이야기를 듣고 소프트웨어가 우리 생활과 어떤 관련이 있는지 생각해 봅시다.

● 소프트웨어가 없는 우리의 생활을 상상해 보고 자신의 생각을 이야기해 봅시다.

> 소프트웨어가 없다면 시간과 장소에 따라 할 수 있는 일이 제한되어 많이 불편할 것입니다.

## ❷ 활동은 이렇게

❶ 우리가 경험해 보지 못한 소프트웨어 활용 사례를 조사한다(모둠).

❷ 조사 결과를 정리한다.

❸ 조사한 내용을 발표한다.

❹ 소프트웨어의 발달이 우리 생활에 어떤 변화를 주었는지 이야기한다.

### 소프트웨어의 발달에 따른 생활 변화 알아보기

● 우리가 경험해 보지 못했지만 우리 사회에서 볼 수 있는 소프트웨어 활용 사례는 무엇이 있는지 조사해 봅시다.

드론을 이용한 택배 서비스

자율 주행 자동차

| 항목 | 소프트웨어의 기능 |
|---|---|
| 예 자율 주행 자동차 | 특정한 버튼을 누르면 일정한 속도로 자동차가 스스로 주행을 하게 됩니다. |
| 스마트폰을 활용한 가전제품 제어 | 스마트폰 어플리케이션을 활용해 집 밖에서 보일러를 미리 켜거나 가스불을 끌 수 있습니다. |
| 공장 자동화 | 로봇이나 자동화 소프트웨어를 활용하여 생산 과정을 자동으로 진행할 수 있습니다. |
| 빅데이터 활용 | 소프트웨어를 활용하여 사람들의 생각이나 의견 등을 종합하여 확인할 수 있습니다. |

● 소프트웨어의 발달이 우리 생활에 어떤 변화를 주었는지 이야기해 봅시다.

> 우리 생활을 좀 더 편안하고 안전하게 만들어 주었습니다.
> 그리고 다양한 시도를 할 수 있는 기회를 주었습니다.

## ❸ 활동은 이렇게

❶ 오늘 활동을 통해 소프트웨어라는 단어에서 떠오르는 느낌을 이야기한다.

❷ 느낌을 바탕으로 비주얼 씽킹을 활용하여 그림으로 표현한다.

❸ 그림을 발표하면서 서로의 느낌을 공유한다.

### 소프트웨어 그림으로 표현하기

● 자신이 생각하는 소프트웨어가 무엇인지 그림으로 표현해 봅시다.

# section 04 연필로 명령하기

관련 부록 117쪽

**수업 개요**

★ **학습 목표**      연필을 이용하여 명령에 따라 프로그래밍을 할 수 있다.

★ **모둠 구성**      개인 또는 모둠 활동(2인 1팀) 활동

★ **준비물**         학습지, 연필

★ **컴퓨팅 사고력**   이미지 표현, 문제 분석, 추상화, 알고리즘/절차

★ **관련 교과**      〈국어〉

**수업 안내**

본 차시는 연필로 컴퓨터처럼 이미지를 표현하는 활동입니다.
컴퓨팅 사고력의 이미지 표현과 관련된 것으로, 학생들은 컴퓨터가 그림을 화면에 표현하는 것처럼 연필을 이용하여 명령에 따라 이미지를 표현하게 됩니다.

**참고 자료**

| ☺ 출발 | | | | ⇨ ⇨ ⇩ ◎ |
|---|---|---|---|---|
| | | ⚡ | | ⇩ ⇩ ⇦ ◎ |
| | | | | 성공! |
| | ⚡ | | | |

① 주어진 명령어를 확인하고 그려진 그림을 그리도록 명령어를 작성한다.

② 그림에 그려진 칸을 색칠할 수 있도록 명령어를 작성한다.

③ 그림에 그려진 칸을 색칠할 수 있도록 명령어를 완성한다.

④ 내가 만든 명령어를 친구에게 주고 명령어대로 그림을 그리도록 공유한다.

## 그림을 그리는 명령어 확인하기

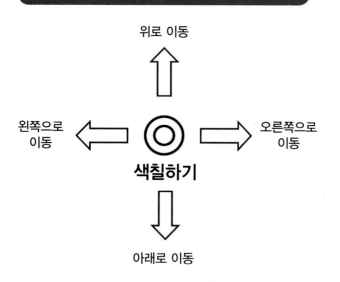

## 명령어 작성하기

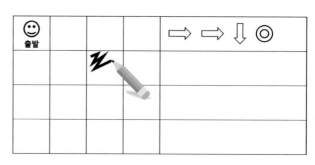

첫 번째 색칠을 할 수 있도록 명령어를 왼쪽에서 오른쪽으로 순서대로 작성합니다.

## 명령어 완성하기

두 번째 색칠을 할 수 있도록 명령어를 순서대로 작성하여 완성합니다.

## 내가 만든 명령어 공유하기

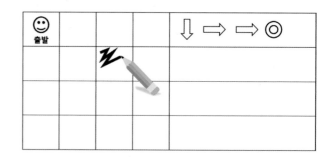

색칠하는 방법은 다른 경로로 진행할 수도 있습니다. 작성한 명령어를 서로 공유하면서 평가해 봅시다.

... unplugged play

# section 05 조건 규칙에 따라 움직이기

**수업 개요**

★ **학습 목표**    조건에 맞추어 몸 동작을 만들 수 있다.

★ **모둠 구성**    모둠(3인 이상) 활동

★ **준비물**    없음

★ **컴퓨팅 사고력**    알고리즘/선택

★ **관련 교과**    〈국어〉, 〈과학〉

**수업 안내**

본 차시는 가라사대라고 말한 명령에 대해서만 동작하는 활동입니다.

컴퓨팅 사고력의 알고리즘(선택)과 관련된 것으로, 학생들은 활동을 통하여 주어지는 조건에 따라 몸동작을 만들면서 주어진 조건에만 반응하는 컴퓨터를 이해하게 됩니다.

**참고 자료**

가라사대 놀이를 통해
선택 알고리즘을 이해한다.

 **① 활동은 이렇게**

❶ 가라사대 놀이를 설명한다.

❷ '가라사대' 말이 있을 때만 행동을 따라한다.

❸ '가라사대' 말이 없을 때는 아무 행동도 하지 않는다.

❹ 친구나 선생님과 함께 가라사대 놀이를 해본다.

### 가라사대 놀이 설명하고 시작하기

지금부터 시작하겠습니다.

### '가라사대' 있으면 따라하기

가라사대 오른손 올려요.

### '가라사대' 있으면 따라하기

가라사대 양손 올려요.

### '가라사대' 없으면 행동 하지 않기

됐습니다. 내리세요.

학급 전체를 대상으로 선생님께서 명령하거나 학생들 스스로 모둠별로 진행할 수 있습니다.

# section 06 컴퓨터의 표현 방법 이해하기

관련 부록 119쪽

**수업 개요**

| ★ 학습 목표 | 알고리즘 표현 방법을 이해하고 표현할 수 있다. |
| --- | --- |
| ★ 모둠 구성 | 개인 활동 |
| ★ 준비물 | 필기구, 활동지, 포스트잇 |
| ★ 컴퓨팅 사고력 | 자료 이해, 알고리즘/절차, 반복, 조건 |
| ★ 관련 교과 | 〈국어〉, 〈도덕〉 |

**수업 안내**

본 차시는 아침에 일어나서 잠자리에 들기까지의 과정을 알고리즘으로 표현하는 활동입니다.

컴퓨팅 사고력의 알고리즘과 관련된 것으로, 학생들은 조건에 따라 하루 일과를 생각하고 일과 중 반복되는 행동을 생각하면서 알고리즘 표현 방법을 이해하게 됩니다.

**참고 자료**

## 1 활동은 이렇게

1 하루 일과 중 발생할 수 있는 조건을 정한다.

2 조건에 따른 하루 일과를 작성한다.

3 하루 일과 중 반복되는 행동을 찾아 세부적으로 작성한다.

4 자신이 작성한 하루 일과를 공유한다.

### 조건 정하기

| 조건 | 하루 일과 |
|---|---|
| 만약 아침이라면 | |
| 만약 수업 시간이라면 | |
| 만약 청소 시간이라면 | |
| 만약 저녁이라면 | |

### 조건에 따른 하루 일과 작성하기

| 조건 | 하루 일과 |
|---|---|
| 만약 아침이라면 | 일어난다. 세수를 한다. 아침을 먹는다. |
| 만약 수업 시간이라면 | 책을 준비한다. 공부를 한다. |
| 만약 청소 시간이라면 | 청소 용구를 준비한다. 청소를 한다. |
| 만약 저녁이라면 | 가족과 대화를 한다. 잠을 잔다. |

### 하루 일과 중 반복되는 행동 찾기

| 조건 | 하루 일과 | |
|---|---|---|
| 만약 아침이라면 | 일어난다. 세수를 한다. 아침을 먹는다. | 밥과 반찬 먹는 과정을 반복한다. |
| 만약 수업 시간이라면 | 책을 준비한다. 공부를 한다. | 수업시간마다 책을 준비하고 공부하는 과정을 반복한다. |
| 만약 청소 시간이라면 | 청소 용구를 준비한다. 청소를 한다. | 빗자루로 바닥을 쓰는 과정을 반복한다. |
| 만약 저녁이라면 | 가족과 대화를 한다. 잠을 잔다. | 부모님, 형제들과 대화하는 과정을 반복한다. |

### 하루 일과 공유하기

작성한 하루 일과를 서로 공유하여 동료 평가도 함께 할 수 있습니다.

# 07 숫자 맞추기

**수업 개요**

★ **학습 목표**      조건을 이용하여 정해진 숫자를 찾을 수 있다.

★ **모둠 구성**      개인 또는 모둠 활동

★ **준비물**        없음

★ **컴퓨팅 사고력**   자료 이해, 알고리즘/선택, 자동화

★ **관련 교과**      〈수학〉

**수업 안내**

본 차시는 미리 정해진 숫자를 맞히는 활동입니다.

컴퓨팅 사고력의 알고리즘(선택)과 관련된 것으로, 학생들은 정해진 숫자보다 큰 수인지, 작은 수인지를 선택해 가면서 일정한 규칙에 따라 더 빨리 정답을 찾는 방법을 배웁니다.

**참고 자료**

❶ 정해진 범위의 수 중 하나를 정한다.

❷ 상대방은 그 수를 맞히기 위해서 생각하는 숫자를 말한다.

❸ 정답보다 크면 다운, 정답보다 작으면 업이라고 말한다.

❹ 위 활동을 반복하면서 정해진 숫자를 맞혀 나간다.

## 정해진 범위에서 숫자 정하기

0~99까지 수에서 무작위로 1개의 숫자를 정합니다.

## 숫자 맞히기(1)

정해진 숫자보다 크면 '다운'을 외칩니다.

## 숫자 맞히기(2)

정해진 숫자보다 작으면 '업'을 외칩니다. 숫자가 맞을 때까지 과정을 반복합니다.

## 숫자 맞히기(3)

역할을 바꿔가며 활동을 진행해도 좋습니다.

··· unplugged play

section

# 08 색깔을 숫자로 나타내기

관련 부록 121~123쪽

**수업 개요**

★ 학습 목표　　숫자의 색깔 이미지 표현 과정을 경험하고 설명할 수 있다.

★ 모둠 구성　　개인 활동

★ 준비물　　　색연필, 모눈종이

★ 컴퓨팅 사고력　이미지 표현, 문제 분석, 추상화

★ 관련 교과　　〈미술〉, 〈과학〉

**수업 안내**

본 차시는 다양한 색의 작은 점을 여러 개 찍어서 그림을 그리는 활동입니다.
컴퓨팅 사고력의 이미지 표현과 관련된 것으로, 학생들은 픽셀(Pixel)이라고 하는 작은
점을 여러 개의 색깔로 표현하면서 컴퓨터가 그림을 표현하는 방법을 익히게 됩니다.

**참고 자료**

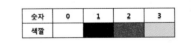

| 숫자 | 0 | 1 | 2 | 3 |
|---|---|---|---|---|
| 색깔 |  |  |  |  |

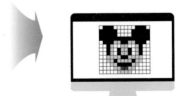

## ① 활동은 이렇게

❶ 여러 개의 숫자로 표현된 모눈종이 그림을 확인한다.

❷ 주어진 숫자와 색깔 관계를 확인하고 색칠한다.

❸ 색칠이 끝나면 숨겨진 그림을 확인한다.

❹ 나만의 그림을 픽셀로 만들어본다.

### 그림 확인하기

| 숫자 | 0 | 1 | 2 | 3 |
|---|---|---|---|---|
| 색깔 |  |  |  |  |

| | | | | | | | | | | | | | | |
|---|---|---|---|---|---|---|---|---|---|---|---|---|---|---|
| 0 | 1 | 1 | 1 | 0 | 0 | 0 | 0 | 0 | 0 | 0 | 1 | 1 | 1 | 0 |
| 1 | 1 | 1 | 1 | 1 | 0 | 0 | 0 | 0 | 1 | 1 | 1 | 1 | 1 | |
| 1 | 1 | 1 | 1 | 1 | 0 | 0 | 0 | 0 | 1 | 1 | 1 | 1 | 1 | |
| 1 | 1 | 1 | 1 | 1 | 1 | 1 | 1 | 1 | 1 | 1 | 1 | 1 | 1 | |
| 0 | 1 | 1 | 1 | 3 | 3 | 1 | 1 | 3 | 3 | 1 | 1 | 1 | 0 | |
| 0 | 0 | 1 | 3 | 0 | 0 | 3 | 3 | 0 | 0 | 3 | 1 | 0 | 0 | |
| 0 | 0 | 1 | 3 | 0 | 1 | 3 | 3 | 1 | 0 | 3 | 1 | 0 | 0 | |
| 0 | 0 | 1 | 3 | 0 | 1 | 3 | 3 | 1 | 0 | 3 | 1 | 0 | 0 | |
| 0 | 0 | 3 | 3 | 3 | 3 | 1 | 1 | 3 | 3 | 3 | 3 | 0 | 0 | |
| 0 | 0 | 3 | 3 | 1 | 3 | 3 | 3 | 3 | 1 | 3 | 3 | 0 | 0 | |
| 0 | 0 | 0 | 3 | 3 | 1 | 1 | 1 | 1 | 3 | 3 | 0 | 0 | 0 | |
| 0 | 0 | 0 | 0 | 3 | 3 | 2 | 2 | 3 | 3 | 0 | 0 | 0 | 0 | |
| 0 | 0 | 0 | 0 | 0 | 3 | 3 | 3 | 3 | 0 | 0 | 0 | 0 | 0 | |

### 픽셀 색칠하기

| | | | | | | | | | | | | | | |
|---|---|---|---|---|---|---|---|---|---|---|---|---|---|---|
| 0 | 1 | 1 | 1 | 0 | 0 | 0 | 0 | 0 | 0 | 0 | 1 | 1 | 1 | 0 |
| 1 | 1 | 1 | 1 | 1 | 0 | 0 | 0 | 0 | 1 | 1 | 1 | 1 | 1 | |
| 1 | 1 | 1 | 1 | 1 | 0 | 0 | 0 | 0 | 1 | 1 | 1 | 1 | 1 | |
| 1 | 1 | 1 | 1 | 1 | 1 | 1 | 1 | 1 | 1 | 1 | 1 | 1 | 1 | |
| 0 | 1 | 1 | 1 | 3 | 3 | 1 | 1 | 3 | 3 | 1 | 1 | 1 | 0 | |
| 0 | 0 | 1 | 3 | 0 | 0 | 3 | 3 | 0 | 0 | 3 | 1 | 0 | 0 | |
| 0 | 0 | 1 | 3 | 0 | 1 | 3 | 3 | 1 | 0 | 3 | 1 | 0 | 0 | |
| 0 | 0 | 1 | 3 | 0 | 1 | 3 | 3 | 1 | 0 | 3 | 1 | 0 | 0 | |
| 0 | 0 | 3 | 3 | 3 | 3 | 1 | 1 | 3 | 3 | 3 | 3 | 0 | 0 | |
| 0 | 0 | 3 | 3 | 1 | 3 | 3 | 3 | 3 | 1 | 3 | 3 | 0 | 0 | |
| 0 | 0 | 0 | 3 | 3 | 1 | 1 | 1 | 1 | 3 | 0 | 0 | 0 | 0 | |
| 0 | 0 | 0 | 0 | 3 | 3 | 2 | 2 | 3 | 3 | 0 | 0 | 0 | 0 | |
| 0 | 0 | 0 | 0 | 0 | 3 | 3 | 3 | 3 | 0 | 0 | 0 | 0 | 0 | |

### 숨겨진 그림 확인하기

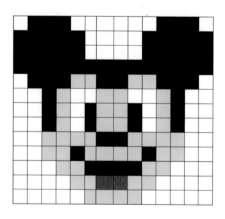

### 나만의 그림 만들기

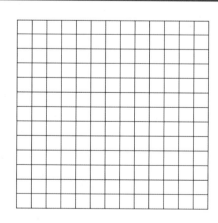

그림을 그리고 숫자로 표현하면 그리기 편합니다.

# section 09 암호 풀기

관련 부록 125쪽

### 수업 개요

★ **학습 목표**　　O과 1을 이용한 이진수를 이해할 수 있다.

★ **모둠 구성**　　개인 및 짝 활동

★ **준비물**　　　연필

★ **컴퓨팅 사고력**　자료 표현, 문제 분석

★ **관련 교과**　　〈수학〉

### 수업 안내

본 차시는 0과 1을 이용하여 숫자를 표현해 보는 활동입니다.
컴퓨팅 사고력의 자료 표현과 관련된 것으로, 학생들은 0과 1을 이용하여 숫자 표현하는
방법을 익혀서 컴퓨터처럼 암호를 풀 수 있게 됩니다.

### 참고 자료

$$8 + 4 + 2 + 1 = 15$$

| 2X2X2 | 2X2 | 2 | 1 |
|:---:|:---:|:---:|:---:|
| 1 | 1 | 1 | 1 |

## ① 활동은 이렇게

❶ 1~4 숫자에 대하여 0과 1로 표기한 것을 살펴본다.

❷ 5~8 숫자에 대하여 0과 1로 표기한 것을 살펴본다.

❸ 숫자를 0과 1로 표기하는 이진수에 대한 규칙을 살펴본다.

❹ 0과 1을 이용하여 다양한 문제를 만들어 공유한다.

### 0과 1로 숫자 표현하기(1)

숫자

→ '1'이 표기된 곳의 합을 더하면 된다.

| | 8 | 4 | 2 | 1 | |
|---|---|---|---|---|---|
| 1 | 0 | 0 | 0 | 1 | 0+0+0+1=1 |
| 2 | 0 | 0 | 1 | 0 | 0+0+2+0=2 |
| 3 | 0 | 0 | 1 | 1 | 0+0+2+1=3 |
| 4 | 0 | 1 | 0 | 0 | 0+4+0+0=4 |

### 0과 1로 숫자 표현하기(2)

숫자

| | 8 | 4 | 2 | 1 | |
|---|---|---|---|---|---|
| 5 | 0 | 1 | 0 | 1 | 0+4+0+1=5 |
| 6 | 0 | 1 | 1 | 0 | 0+4+2+0=6 |
| 7 | 0 | 1 | 1 | 1 | 0+4+2+1=7 |
| 8 | 1 | 0 | 0 | 0 | 8+0+0+0=8 |

### 숫자 표현 규칙 찾기

$$8 + 4 + 2 + 1 = 15$$

2X2X2    2X2    2    1

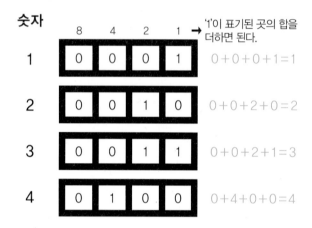

| 1 | 1 | 1 | 1 |
|---|---|---|---|

### 내가 만든 명령어 공유하기

| 8 | 4 | 2 | 1 |
|---|---|---|---|
| 1 | 0 | 1 | 1 |

8 + 0 + 2 + 1 = 11

| 1 | 1 | 0 | 1 |
|---|---|---|---|

8 + 4 + 0 + 1 = 13

다양한 문제를 작성하여 이진수를 익혀봅니다.

# section 10 낱말 사전 만들기

관련 부록 127쪽

**수업 개요**

★ **학습 목표**　　국어 사전의 규칙대로 낱말을 정렬할 수 있다.

★ **모둠 구성**　　개인 또는 모둠(인원 제한 없음) 활동

★ **준비물**　　　국어 사전, 연필

★ **컴퓨팅 사고력**　자료 정렬, 자료 분석, 자료 이해

★ **관련 교과**　　〈국어〉

**수업 안내**

본 차시는 국어 사전의 낱말을 정렬하는 방법을 익히는 활동입니다.

컴퓨팅 사고력의 자료 정렬과 관련된 것으로, 학생들은 낱말들을 국어 사전의 규칙대로 정렬하면서 자료를 효과적으로 정렬하는 방법에 대해서 익히게 됩니다.

**참고 자료**

## ❶ 활동은 이렇게

❶ 제시된 초성에 따라 낱말을 만든다.

❷ 제한된 시간 안에 많은 낱말을 만든다.

❸ 국어 사전의 규칙대로 낱말을 정렬한다.

❹ 정렬된 순서대로 낱말 사전을 만든다.

### 초성에 따라 낱말 만들기

제시어
ㄱ ㅂ

| 가발 | 갈비 | 고부 |
|---|---|---|
| 국보 | 공부 | |
| | | |

### 시간 안에 많은 낱말 만들기

제시어
ㄱ ㅂ

| 가발 | 갈비 | 고부 |
|---|---|---|
| 국보 | 공부 | 구분 |
| 가방 | 고발 | |

• 시간은 수준에 맞추어 조절할 수 있습니다.

### 낱말 정렬하기

제시어
ㄱ ㅂ

| 가발 | 가방 | 갈비 |
|---|---|---|
| 고발 | 고부 | 공부 |
| 구분 | 국보 | |

• 국어 사전에 맞추어 첫소리, 가운뎃소리, 끝소리 순으로 확인하고 정리합니다.

### 낱말 사전 만들기

• 작성한 명령어를 서로 공유하여 동료평가도 함께할 수 있습니다.

··· unplugged play

# section 11 기준에 따라 줄 세우기

관련 부록 129쪽

## 수업 개요

★ **학습 목표**     일정한 규칙이나 조건에 따라 순서를 정할 수 있다.

★ **모둠 구성**     개인 또는 모둠 활동

★ **준비물**     정렬망

★ **컴퓨팅 사고력**     자료 표현, 문제 분석

★ **관련 교과**     〈국어〉

## 수업 안내

본 차시는 불규칙하게 나열된 숫자들을 오름차순으로 정렬해 보는 활동입니다.

컴퓨팅 사고력의 문제 분석과 관련된 것으로, 학생들은 일정한 규칙에 따라 자료들을 순서대로 정리하는 정렬 방식에 대해 배우게 됩니다.

## 참고 자료

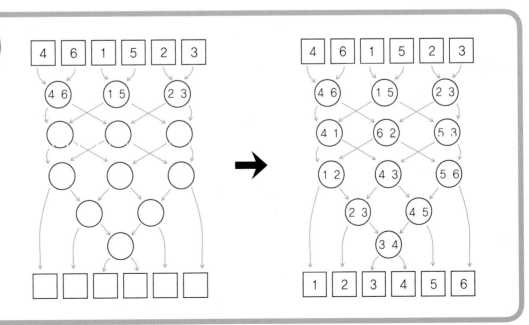

 **1 활동은 이렇게**

❶ 정렬망 첫 줄에 정렬하고 싶은 자료를 올린다(1부터 6까지 순서 상관 없이).

❷ 2개의 자료를 비교하여 작은 것은 왼쪽, 큰 것은 오른쪽으로 보낸다.

❸ 2의 규칙에 따라 계속해서 자료를 정렬한다. 정렬된 후 맨 왼쪽과 오른쪽 자료는 완성되었으므로 제외한다.

❹ 2~3의 규칙에 따라 계속해서 정렬하여 완성한다.

## 자료 정렬 준비하기

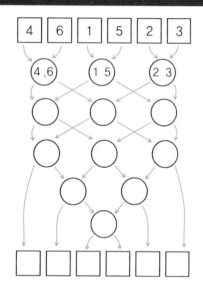

## 자료 정렬하기(1)

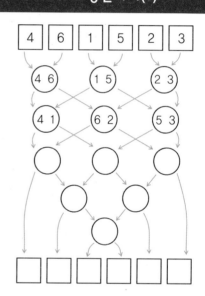

## 자료 정렬하기(2)

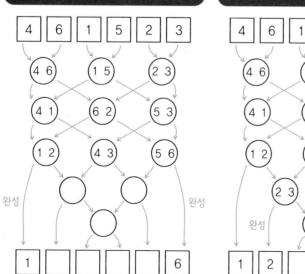

## 자료 정렬하기(3)

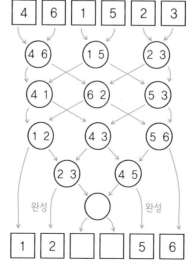

## 자료 정렬 완성하기

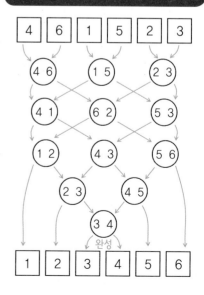

# section 12 순차 OX 퀴즈

관련부록 131쪽

**수업 개요**

| | |
|---|---|
| ★ **학습 목표** | 순차, 선택 알고리즘의 실행 과정을 경험하고 설명할 수 있다. |
| ★ **모둠 구성** | 모둠(2인 1팀), 전체 활동 |
| ★ **준비물** | 연필, 사인펜 |
| ★ **컴퓨팅 사고력** | 알고리즘(순차, 선택) |
| ★ **관련 교과** | 〈실과〉, 〈국어〉 |

**수업 안내**

본 활동은 컴퓨팅 사고력의 순차 및 선택 알고리즘을 간단한 퀴즈로 익힐 수 있는 활동입니다. 순차 알고리즘이란 일련의 과정을 순서대로 실행하는 것을 의미하며, 선택 알고리즘이란 조건의 참/거짓 여부에 따라 다음 번 명령을 선택하는 구조입니다.

학생들은 본 활동을 통해 간단한 OX 퀴즈를 만들고 함께 퀴즈를 해결해 나가며 순차, 선택 알고리즘의 구조적 특징을 익힙니다.

**참고 자료**

＊ 라면 끓이는 순서를 선택 구조 순서도로 살펴보기 ＊

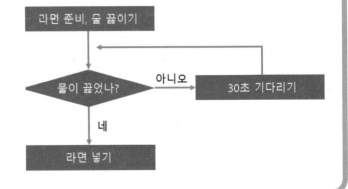

라면 준비, 물 끓이기

물이 끓었나? → 아니오 → 30초 기다리기

네

라면 넣기

 **❶ 활동은 이렇게**

❶ 퀴즈 주제를 제시한다.

❷ OX 퀴즈 문제 4가지를 만든다.

❸ 한 사람이 문제를 내고, 다른 사람들은 문제를 푼다.

❹ 한 단계씩 문제를 풀어가면서 사다리를 타고 내려간다.

❺ 마지막 정답 숫자(도착 숫자)를 확인하여 성공 여부를 가린다.

❻ 역할을 바꾸어 계속한다.

## OX 퀴즈 문제내기

| | 주제 | 조선 시대 역사 퀴즈 | | |
|---|---|---|---|---|
| 1 | 조선을 건국한 사람은 이성계이다. | | 정답 | ○ |
| 2 | 이성계는 강화도에서 회군하였다. | | 정답 | x |
| 3 | 훈민정음은 백성을 가르치는 바른 소리라는 의미이다. | | 정답 | ○ |
| 4 | 임진왜란은 임진년에 여진족에 의해 일어난 전쟁이다. | | 정답 | x |

| 마지막 정답 숫자 |
|---|
| 6 |

## 하나씩 해결해 가며 내려가기

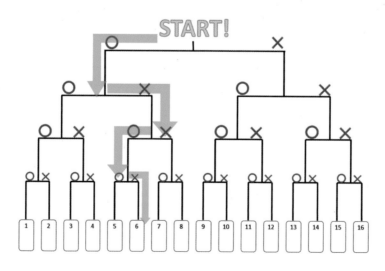

... unplugged play

section

# 13 돌림 노래 만들기

관련 부록 133쪽

**수업 개요**

| | | |
|---|---|---|
| ★ 학습 목표 | 순차 실행의 과정을 경험하고 설명할 수 있다. |
| ★ 모둠 구성 | 4인 1팀 활동 |
| ★ 준비물 | 필기도구 |
| ★ 컴퓨팅 사고력 | 자료 이해, 알고리즘(절차) |
| ★ 관련 교과 | 〈실과〉, 〈창의적 체험 활동〉 |

**수업 안내**

본 차시는 컴퓨팅 사고력의 자료 이해와 알고리즘/절차와 관련된 활동으로, 학생들과 함께 노래를 개사하여 불러본 다음 순서에 맞춰 여러 성부로 돌림 노래를 불러봅니다.

같은 선율에 대해 시간차를 두고 여러 사람이 부르는 노래를 '돌림 노래' 또는 '윤창'이라고 합니다. 이 활동을 통해 순서를 지켜야 하는 학생들은 순차적 실행의 중요성을 인식할 수 있습니다.

**참고 자료**

풍당풍당 돌을 던지자
누나 몰래 돌을 던지자

풍당풍당 돌을 던지자
누나 몰래 돌을 던지자

### ① 활동은 이렇게

❶ 퐁당퐁당 노래를 부른다.

❷ 돌림 노래에 대해 안내하고, 돌림 노래 형태로 불러본다.

❸ 노래에 맞추어 가사를 바꾼다.

❹ 돌림 노래의 순서를 정하고 차례를 지켜 노래를 부른다.

❺ 개사한 노래를 함께 부르고 서로 감상한다.

## 돌림 노래 만들어 순서대로 부르기

퐁 당 퐁 당 돌 을 던 지 자  누 나 몰 래  돌 을 던 지 자
풍 덩 풍 덩  비 누 를 던 지 자  형 아 몰 래  비 누 를 던 지 자

냇  물 아 퍼  져 라  널 리 널 리  퍼 져 라
목 욕  물 아 퍼  져 라  멀 리 멀 리  튀 어 라

건 너 편 에  앉 아 서  나 물 을 씻 는
건 너 편 에  앉 아 서  목 욕 을 하 는

우 리 누 나  손 등 을  간 질 여 주 어  라
우 리 형 아  등 판 을  간 질 여 주 어  라

# section 14 역사 보드 게임

관련 부록 209~211쪽

**수업 개요**

| | | |
|---|---|---|
| ★ **학습 목표** | 언플러그드 활동을 통해 순차 실행을 경험하고 설명할 수 있다. |
| ★ **모둠 구성** | 모둠 활동 |
| ★ **준비물** | 보드 게임판, 큰 문화 유산 카드 8장, 보드 게임판 용 문화 유산 카드 8장, 말 2개, 이동 카드(직진 카드 8장, 90° 회전 카드 4장) |
| ★ **컴퓨팅 사고력** | 알고리즘(순차) |
| ★ **관련 교과** | 〈사회〉 |

**수업 안내**

본 차시는 보드 게임 형태로서 자신의 말을 목적지까지 순차 명령을 통해 이동시키는 활동입니다.

순차 실행은 컴퓨터가 일을 처리하는 여러 가지 방식 중 가장 기본이 되는 형태입니다.

학생들은 본 차시를 통해 순차 실행의 개념을 자연스럽게 체득할 수 있고, 프로그램 실행과 수정에 대한 의사 소통의 경험을 가질 수 있습니다.

**참고 자료**

## * 다양한 언플러그드 보드 게임 *

▲ 엔트리봇 부품 찾기

▲ 엔트리봇 폭탄 대소동

▲ 집(ZIP)

▲ 시그널(SIGNAL)

### 보드 게임판, 준비물 준비하기

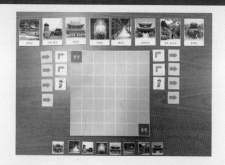

### 보드판에 작은 문화 유산 카드 배치하기

### 게임 규칙 확인하기

**1** 두 팀으로 나눕니다.

**2** 카드는 자기 차례에 5장까지 사용할 수 있습니다. 말은 이동 카드를 놓은 순서대로 한 장에 한 번씩 이동합니다.

**3** 말을 움직인 후에는 이동 카드의 순서를 변경할 수 없습니다.

**4** 이동 카드는 꼭 카드를 놓은 순서대로 실행해야 합니다. 상대 친구의 이동을 확인합니다.

### 큰 문화 유산 카드 및 이동 카드 나누기

각자 큰 문화 유산 카드 4장, 이동 카드 4장, 회전 카드 1장씩을 가집니다.

### 보드판 위의 문화 유산 카드 획득하기

이동 카드에 표시된 대로 말을 움직여서 문화유산 카드를 획득합니다.

※ 이동 카드 예시

### 4장의 문화 유산 카드 모두 획득하기

# 알쏭달쏭 네모 로직

관련
부록 135~137쪽

**수업
개요**

★ **학습 목표**        픽셀 단위의 이미지 표현 과정을 경험하고 설명할 수 있다.

★ **모둠 구성**        개인 활동

★ **준비물**           필기구

★ **컴퓨팅 사고력**    자료 표현, 문제 분석, 추상화, 알고리즘(절차)

★ **관련 교과**        〈실과〉, 〈미술〉

**수업
안내**

본 차시는 숫자로 이루어진 일련의 규칙을 이용해 숨겨진 그림을 찾아내는 알고리즘 활동입니다.

컴퓨팅 사고력의 자료 표현, 문제 분석, 추상화, 알고리즘(절차)과 관련된 것으로, 학생들은 규칙을 익히고 이용하여 문제를 해결하면서 이를 통해 알고리즘 설계 및 실행을 경험합니다. 또한 픽셀 단위의 이미지 표현 과정을 간접적으로 익힐 수 있습니다.

**참고
자료**

| 비트맵(Bitmap) | 벡터(VECTOR) |
|---|---|
| 화면 표시의 가장 작은 단위인 픽셀(Pixel)마다 고유의 색이 저장되고 이러한 점들이 무수히 많이 모여서 그림을 표현합니다. 확대하면 계단모양으로 그림이 깨져 보이지만 벡터 방식에 비해 파일 크기가 작습니다. | 수학 계산식으로 이루어진 그림 표현 방법입니다. 계산식에 따라 일정한 좌표에 색이나 그림을 표현하므로 아무리 확대하더라도 그림이 깨져 보이지 않지만 파일 크기가 매우 커질 수 있습니다. |
| 디지털 카메라 사진<br>BMP, JPG, PNG 등 그림 파일 | 한글 등 문서 편집 프로그램의 글자<br>AI, SVG, EPS 등 그림 파일 |

## ❶ 활동은 이렇게

### 1. 규칙 확인하기

**1** 가로와 세로의 숫자는 각 줄에서 연속되어 색칠되는 칸의 수입니다.

**2** 숫자 5의 의미는 해당 줄에 5칸을 연속하여 색칠하여야 합니다.

**3** 숫자 2의 의미는 2개를 연속해서 칠한 뒤, 한 칸 이상 띄우고 다시 2개를 연속해서 칠합니다.

**4** 색칠되지 않아야 하는 부분은 × 표를 합니다.

### 2. 한 줄씩 해결해 나가면서 그림을 완성합니다.

※ 활동 예시 : 가로, 세로 5×5의 활동판입니다.

|  | 3 | 3 | 3 | 3 | 3 |
|---|---|---|---|---|---|
| 2 2 |  |  |  |  |  |
| 5 |  |  |  |  |  |
| 5 |  |  |  |  |  |
| 3 |  |  |  |  |  |
| 1 |  |  |  |  |  |

- **반드시 색칠되어야 하는 부분이 있다면 그 곳부터 색칠합니다.**
  - ◆ 가로, 세로, 5X5의 활동판입니다.
  - ◆ 가로 두 번째와 세 번째 줄을 보면 숫자5는 5칸을 연속하여 색칠해야 한다는 뜻이므로, 그 줄은 모두 색칠합니다.

|  | 3 | 4 | 4 | 4 | 3 |
|---|---|---|---|---|---|
| 2 2 |  |  | x |  |  |
| 5 |  |  |  |  |  |
| 5 |  |  |  |  |  |
| 3 |  |  |  |  |  |
| 1 |  |  |  |  |  |

- **규칙에 따라 빈 칸을 채웁니다.**
  - ◆ 가로 첫 번째 줄을 보면 [2 2]로 지정되어 있으므로 2칸 색칠하고 한 칸 이상 띄운 다음, 다시 2칸을 색칠해야 합니다.
  - ◆ 한 줄의 칸 수가 총 5개이므로 [2칸 색칠, 한 칸 띄우고, 2칸 색칠]만 가능합니다.

|  | 3 | 4 | 4 | 4 | 3 |
|---|---|---|---|---|---|
| 2 2 |  |  | x |  |  |
| 5 |  |  |  |  |  |
| 5 |  |  |  |  |  |
| 3 | x |  |  |  |  |
| 1 | x | x |  |  |  |

- **가로줄을 채운 다음 세로 줄을 살펴봅니다.**
  - ◆ 세로 첫 번째 줄의 [3]을 보면 이미 3칸이 연속되어 색칠되어 있으므로, 나머지 칸에는 X 표시를 해줍니다.
  - ◆ 세로 두 번째 줄의 [4]를 보면, 4칸을 연속해서 색칠해야 합니다. 이미 3칸이 연속되어 색칠되어 있으므로 바로 밑 한 칸만 색칠해 주면 됩니다.

|  | 3 | 4 | 4 | 4 | 3 |
|---|---|---|---|---|---|
| 2 2 |  |  | x |  |  |
| 5 |  |  |  |  |  |
| 5 |  |  |  |  |  |
| 3 | x |  |  |  | x |
| 1 | x | x |  | x | x |

- **나머지 부분도 동일한 방법으로 채워 완성합니다.**

**①-1**

| | 3 | 4 | 4 | 4 | 3 |
|---|---|---|---|---|---|
| 2 2 | ■ | ■ | x | ■ | ■ |
| 5 | ■ | ■ | ■ | ■ | ■ |
| 5 | ■ | ■ | ■ | ■ | ■ |
| 3 | x | ■ | ■ | ■ | x |
| 1 | x | x | ■ | x | x |

**①-2**

| | 1 | 2 | | 2 | 1 |
|---|---|---|---|---|---|
| | 1 | 2 | 5 | 2 | 1 |
| 5 | ■ | ■ | ■ | ■ | ■ |
| 3 | x | ■ | ■ | ■ | x |
| 1 | x | x | ■ | x | x |
| 3 | x | ■ | ■ | ■ | x |
| 5 | ■ | ■ | ■ | ■ | ■ |

**①-3**

| | | 2 | 2 | 2 | |
|---|---|---|---|---|---|
| | 3 | 2 | 2 | 2 | 3 |
| 3 | x | ■ | ■ | ■ | x |
| 5 | ■ | ■ | ■ | ■ | ■ |
| 1 1 | ■ | x | x | x | ■ |
| 5 | ■ | ■ | ■ | ■ | ■ |
| 3 | x | ■ | ■ | ■ | x |

**①-4**

| | 3 | 1 | | 1 | 3 |
|---|---|---|---|---|---|
| | 1 | 2 | 5 | 2 | 1 |
| 5 | ■ | ■ | ■ | ■ | ■ |
| 1 1 1 | ■ | ■ | x | ■ | ■ |
| 5 | ■ | ■ | ■ | ■ | ■ |
| 3 | x | ■ | ■ | ■ | x |
| 1 1 1 | ■ | ■ | x | ■ | ■ |

**②-1**

| | | | | 5 | 6 | | | | | |
|---|---|---|---|---|---|---|---|---|---|---|
| | 2 | 3 | 4 | 2 | 1 | 10 | 5 | 4 | 3 | 2 |
| 2 | x | x | x | x | ■ | ■ | x | x | x | x |
| 4 | x | x | x | ■ | ■ | ■ | ■ | x | x | x |
| 6 | x | x | ■ | ■ | ■ | ■ | ■ | ■ | x | x |
| 8 | x | ■ | ■ | ■ | ■ | ■ | ■ | ■ | ■ | x |
| 10 | ■ | ■ | ■ | ■ | ■ | ■ | ■ | ■ | ■ | ■ |
| 10 | ■ | ■ | ■ | ■ | ■ | ■ | ■ | ■ | ■ | ■ |
| 1 | x | x | x | x | ■ | x | x | x | x | x |
| 1 | x | x | x | x | ■ | x | x | x | x | x |
| 1 1 | x | x | x | ■ | x | ■ | x | x | x | x |
| 3 | x | x | x | ■ | ■ | ■ | x | x | x | x |

**②-2**

| | | | 7 | | 4 | 4 | | 7 | | |
|---|---|---|---|---|---|---|---|---|---|---|
| | 4 | 6 | 2 | 10 | 1 | 1 | 10 | 2 | 6 | 4 |
| 2 2 | x | x | ■ | ■ | x | x | ■ | ■ | x | x |
| 2 2 | x | x | ■ | ■ | x | x | ■ | ■ | x | x |
| 2 2 | x | x | ■ | ■ | x | x | ■ | ■ | x | x |
| 2 2 | x | x | ■ | ■ | x | x | ■ | ■ | x | x |
| 8 | x | ■ | ■ | ■ | ■ | ■ | ■ | ■ | ■ | x |
| 10 | ■ | ■ | ■ | ■ | ■ | ■ | ■ | ■ | ■ | ■ |
| 10 | ■ | ■ | ■ | ■ | ■ | ■ | ■ | ■ | ■ | ■ |
| 2 4 2 | ■ | ■ | x | ■ | ■ | ■ | ■ | x | ■ | ■ |
| 4 4 | ■ | ■ | ■ | ■ | x | x | ■ | ■ | ■ | ■ |
| 8 | x | ■ | ■ | ■ | ■ | ■ | ■ | ■ | ■ | x |

# section 16 QR 코드의 비밀

관련 부록 139쪽

**수업 개요**

| | |
|---|---|
| ★ **학습 목표** | 이진수를 사용하여 QR 코드의 정보를 알 수 있다. |
| ★ **모둠 구성** | 개인 활동 |
| ★ **준비물** | 활동지, 필기도구 |
| ★ **컴퓨팅 사고력** | 자료 분석, 자료 이해 |
| ★ **관련 교과** | 〈국어〉, 〈수학〉, 〈실과〉, 〈창체〉 |

**수업 안내**

본 차시는 이진수를 십진수로 바꾸어 숨겨진 의미를 찾는 활동입니다.

컴퓨터 과학의 이진수와 관련된 것으로, 학생들은 컴퓨터가 자료를 받아들이고 처리할 때 이진수를 사용한다는 것을 이해할 수 있습니다.

**참고 자료**

 **1 활동은 이렇게**

❶ 그림을 보고 0과 1을 구분하여 이진수로 표현한다.

❷ 이진수를 규칙에 따라 십진수로 바꿔준다.

❸ 모든 가로줄의 이진수를 십진수로 바꿔준다.

❹ 바뀐 십진수를 해석표를 참고하여 낱말로 바꾼다.

## 0과 1 구분하기

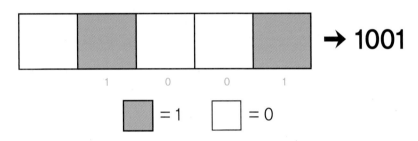

가로 줄에서 노란 색으로 칠해진 곳은 1, 빈 칸은 0으로 순서대로 표시합니다.
처음 1이 나오는 칸부터 표시합니다. 01001은 1001로 표시합니다.

## 이진수로 표현하기

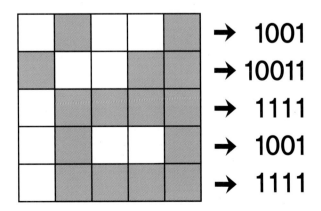

윗 줄부터 순서대로 규칙에 따라서 오른쪽에 0, 1의 숫자를 써 줍니다.
0과 1로만 수를 나타내는 것을 이진수라고 합니다.

## 이진수를 십진수로 바꾸기

| 16 | 8 | 4 | 2 | 1 |
|---|---|---|---|---|

표현 방법은 왼쪽부터 16, 8, 4, 2, 1을 기준으로 하여 각 자리수를 더한 값이 원하는 숫자가 되도록 만들면 됩니다.

노란색 칸으로 표시된 부분의 수를 합하면 십진수가 만들어집니다.

이진수 → 십진수

1011     8 + 2 + 1 = 11

## 모든 가로줄을 십진수로 바꾸기

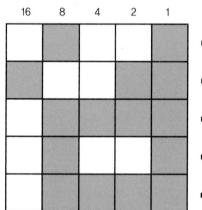

→ 8+1=9

→ 16+2+1=19

→ 8+4+2+1=15

→ 8+1=9

→ 8+4+2+1=15

오른쪽부터 차례대로 1, 2, 4, 8, 16의 10진수를 표시한 다음, 노랑색 칸으로 채워진 부분의 수를 합산하면 십진수가 만들어집니다.

## 이진수를 십진수로 바꾸기

〈해석표〉

| 1 | 2 | 3 | 4 | 5 | 6 | 7 | 8 |
|---|---|---|---|---|---|---|---|
| ㄱ | ㄴ | ㄷ | ㄹ | ㅁ | ㅂ | ㅅ | ㅇ |
| 9 | 10 | 11 | 12 | 13 | 14 | 15 | 16 |
| ㅈ | ㅊ | ㅋ | ㅌ | ㅍ | ㅎ | ㅏ | ㅑ |
| 17 | 2 | 18 | 19 | 20 | 21 | 22 | 23 |
| ㅓ | ㅕ | ㅗ | ㅛ | ㅜ | ㅠ | ㅡ | ㅣ |

해석표를 확인하여 이진수에서 십진수로 바꾼 숫자에 해당하는 글자를 찾습니다.

| 9 | 19 | 15 | 9 | 15 |
|---|---|---|---|---|
| ↓ | ↓ | ↓ | ↓ | ↓ |
| ㅈ | ㅛ | ㅏ | ㅈ | ㅏ |

# section 17 색깔이 있는 네모 로직

관련 부록 141~143쪽

**수업 개요**

★ **학습 목표**  픽셀 단위의 이미지 표현 과정을 경험하고 설명할 수 있다.

★ **모둠 구성**  개인 활동

★ **준비물**  색연필 또는 사인펜

★ **컴퓨팅 사고력**  자료 표현, 문제 분석, 추상화, 알고리즘(절차)

★ **관련 교과**  〈실과〉, 〈미술〉

**수업 안내**

본 차시는 숫자를 이용하여 숨겨진 그림을 찾아내는 네모 로직 활동의 변형으로, 각 숫자 마다 색을 추가한 활동입니다.

컴퓨팅 사고력의 자료 표현, 문제 분석, 추상화, 알고리즘(절차)과 관련된 것으로, 학생들은 문제 해결을 위한 알고리즘 설계 및 실행을 경험합니다. 또한 픽셀 단위의 이미지 표현 과정을 간접적으로 익힐 수 있습니다.

**참고 자료**

비즈 공예 활동과 연계하여 지도할 수 있습니다. 이 후 펄러비즈와 같은 실제 비즈를 이용하여 나만의 작품 만들기를 진행할 수 있습니다.

**① 규칙 확인하기**
- 가로와 세로의 숫자는 각 줄에서 연속되어 색칠되는 칸의 수입니다.
- 가로 줄 5의 의미는 해당 줄에 5칸을 연속하여 색칠하여야 한다는 의미입니다.
- 같은 색상 숫자 사이의 빈칸은 1칸 이상 띄웁니다.
- 다른 색상 숫자 사이의 빈칸은 띄울 수도 있고, 띄우지 않을 수도 있습니다.

**② 한 줄씩 해결해 나가면서 그림을 완성합니다.**

| ①-1 | 2 | 4 | 1 1 2 1 | 4 | 2 1 |
|---|---|---|---|---|---|
| 3 | x | ■ | ■ | ■ | x |
| 1 1 1 1 | ■ | ■ | ■ | ■ | x |
| 1 4 | ■ | ■ | ■ | ■ | ■ |
| 4 | x | ■ | ■ | ■ | ■ |
| 1 1 | x | x | ■ | x | ■ |

| ①-2 | 1 | 1 1 | 1 1 2 | 1 1 | 1 |
|---|---|---|---|---|---|
| 1 | x | x | ■ | x | x |
| 1 3 1 | ■ | ■ | ■ | ■ | ■ |
| 1 | x | x | ■ | x | x |
| 1 | x | x | ■ | x | x |
| 1 1 | x | ■ | x | ■ | x |

②-1

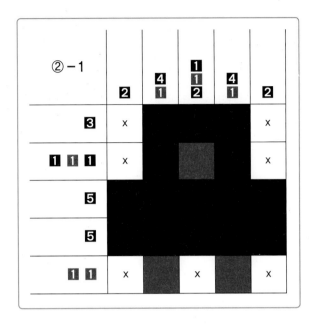

②-2

# section 18 카이사르 암호

관련 부록 145쪽

## 수업 개요

| | |
|---|---|
| ★ **학습 목표** | 규칙에 따라 암호문을 만들고 해석할 수 있다. |
| ★ **모둠 구성** | 개인 활동 |
| ★ **준비물** | 활동지, 필기도구 |
| ★ **컴퓨팅 사고력** | 자료 분석, 자료 표현, 알고리즘/절차 |
| ★ **관련 교과** | 〈국어〉, 〈실과〉, 〈창의적 체험 활동〉 |

## 수업 안내

본 차시는 우리가 평소에 쓰는 문장을 암호문으로 바꾸고 반대로 암호문을 원래 문장으로 되돌리는 활동입니다.

컴퓨터 과학의 통신 보안과 관련된 것으로, 학생들은 활동을 통하여 컴퓨터가 안전하게 정보를 저장하고 전송하는 과정을 이해하고 체험할 수 있습니다.

## 참고 자료

| 원래 알파벳 표 | | | | | | | | | | | | |
|---|---|---|---|---|---|---|---|---|---|---|---|---|
| a | b | c | d | e | f | g | h | i | j | k | l | m |
| n | o | p | q | r | s | t | u | v | w | x | y | z |
| **원래 문장** | i love you |||||||||||| 
| **암호키** | 3 ||||||||||||

| 3씩 밀려서 바뀐 알파벳 표 | | | | | | | | | | | | |
|---|---|---|---|---|---|---|---|---|---|---|---|---|
| d | e | f | g | h | i | j | k | l | m | n | o | p |
| q | r | s | t | u | v | w | x | y | z | a | b | c |
| **바뀐 문장** | l oryh brx ||||||||||||

## 1 활동은 이렇게

❶ 모둠원에게 보낼 짧은 영어 문장을 영어책을 참고하여 작성한다.

❷ 암호문의 규칙을 찾아본다.

❸ 암호키의 의미를 알아본다.

❹ 다른 암호키를 사용하여 암호문을 만들어본다.

### 친구들에게 보낼 문장 쓰기

| 친구 이름 | 원래 문장 | 암호화된 문장 |
|---|---|---|
| 예 찬영 | I love you | |
| | | |
| | | |
| | | |
| | | |

모둠원에게 보낼 짧은 영어 문장을 씁니다.

• 문장이 길면 암호화하기 어렵습니다. 영어책을 참고하여 짧은 문장을 씁니다.

### 규칙 찾아보기

| 원래 알파벳 표 | | | | | | | | | | | | |
|---|---|---|---|---|---|---|---|---|---|---|---|---|
| a | b | c | d | e | f | g | h | i | j | k | l | m |
| n | o | p | q | r | s | t | u | v | w | x | y | z |

| 원래 문장 | i love you |
|---|---|
| 바뀐 문장 | j mpwf zpv |
| 규칙 | 원래 알파벳 순서에서 한 칸 뒤의 알파벳을 사용하여 문장을 만든다. |

원래 문장이 어떤 규칙으로 암호화된 문장으로 바뀌었는지 찾아봅니다.

## 암호키의 의미 알아보기

| 원래 알파벳 표 | | | | | | | | | | | | |
|---|---|---|---|---|---|---|---|---|---|---|---|---|
| a | b | c | d | e | f | g | h | i | j | k | l | m |
| n | o | p | q | r | s | t | u | v | w | x | y | z |
| 암호키 | 1 | | | | | | | | | | | |

| 바뀐 알파벳 표 | | | | | | | | | | | | |
|---|---|---|---|---|---|---|---|---|---|---|---|---|
| b | c | d | e | f | g | h | i | j | k | l | m | n |
| o | p | q | r | s | t | u | v | w | x | y | z | a |

바뀐 문장을 원래 문장으로 되돌리기 위해서는 힌트를 알아야 합니다. 이때 힌트가 되는 것을 '암호키'라고 합니다. 원래 알파벳 순서보다 한 칸 차이가 나므로 암호키는 '1'이 됩니다.

## 암호키를 3으로 바꾸어 암호문 만들기

| 원래 알파벳 표 | | | | | | | | | | | | |
|---|---|---|---|---|---|---|---|---|---|---|---|---|
| a | b | c | d | e | f | g | h | i | j | k | l | m |
| n | o | p | q | r | s | t | u | v | w | x | y | z |
| 원래 문장 | i love you | | | | | | | | | | | |
| 암호키 | 3 | | | | | | | | | | | |

| 바뀐 알파벳 표 | | | | | | | | | | | | |
|---|---|---|---|---|---|---|---|---|---|---|---|---|
| d | e | f | g | h | i | j | k | l | m | n | o | p |
| q | r | s | t | u | v | w | x | y | z | a | b | c |
| 바뀐 문장 | l oryh brx | | | | | | | | | | | |

암호키를 '3'으로 하면 원래 알파벳에서 세 칸 뒤의 d부터 시작이 됩니다. z 뒤에는 다시 a가 시작됩니다.

... unplugged play

# section 19 문자 압축하기

관련 부록 147쪽

**수업 개요**

| | |
|---|---|
| ★ 학습 목표 | 글을 압축하여 간단히 표현할 수 있다. |
| ★ 모둠 구성 | 개인 활동 |
| ★ 준비물 | 활동지, 필기도구 |
| ★ 컴퓨팅 사고력 | 자료 분석, 자료 표현, 알고리즘/절차 |
| ★ 관련 교과 | 〈국어〉, 〈수학〉, 〈실과〉 |

**수업 안내**

본 차시는 긴 글을 짧게 압축하여 간단히 표현하는 활동입니다.

컴퓨터 과학의 데이터 압축과 관련된 것으로, 학생들은 활동을 통하여 컴퓨터가 자료를 저장할 때 어떤 방법을 이용하여 적은 용량을 차지하면서 자료를 저장하는지 이해할 수 있습니다.

**참고 자료**

나비야 나비야 이리 날아 오너라
노랑나비 흰나비 춤을 추며 오너라

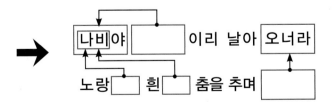

## ① 활동은 이렇게

❶ 글에서 반복되는 글자를 찾는다.

❷ 중복되는 글자끼리 선으로 글자를 연결하고 빈 칸으로 둔다.

❸ 중복되는 낱말을 찾아 연결하고 빈 칸으로 둔다.

❹ 전체 글을 압축하여 간단하게 표현한다.

### 반복되는 글자 찾기

나비야 나비야 이리 날아 오너라

글에서 반복되는 글자를 찾습니다.

### 글자 연결하기

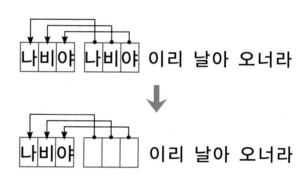

같은 글자를 찾으면 처음 나오는 글자에 화살표로 연결한 뒤 중복되는 글자는 빈 칸으로 둡니다.

### 낱말 연결하기

나비야 나비야 이리 날아 오너라

노랑나비 흰나비 춤을 추며 오너라

낱말 단위로 중복되는 부분을 찾아서 연결할 수도 있습니다.

### 전체 글을 압축하기

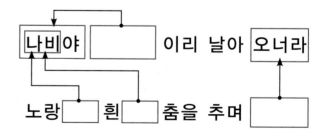

전체 글에서 중복되는 부분을 찾아 연결하고 압축합니다. 27글자의 글을 17글자로 나타냈습니다.

• '나비야' 안의 '나비' 낱말을 따로 묶어서 연결할 수도 있습니다.

# section 20 절차적 문제 해결 방법 알아보기

관련 부록 149쪽

**수업 개요**

★ **학습 목표**      절차적 문제 해결의 과정을 이해할 수 있다.

★ **모둠 구성**      개인 활동

★ **준비물**         활동지, 필기도구

★ **컴퓨팅 사고력**   문제분석, 알고리즘/절차

★ **관련 교과**      〈실과〉

**수업 안내**

본 차시는 영화를 보러 가면서 생기는 복잡한 문제를 단순화(추상화)하여 해결하는 활동입니다.

컴퓨팅 사고력의 추상화와 관련된 것으로, 추상화는 중요한 특징을 찾아낸 후 간단하게 표현하는 것입니다. 학생들은 본 차시를 통해 절차적 문제 해결의 과정을 이해할 수 있습니다.

**참고 자료**

수현이는 친구들과 함께 영화를 보러 가기로 하였습니다. 그런데 수현이 동네에는 영화관이 없어서 지하철 중앙로역 주변에 있는 영화관 중 한 곳에 가기로 했습니다.

수현이가 친구들과 갈 수 있는 영화관은 어디가 좋을까요? 그리고 수현이가 친구들과 동네에서 영화관까지 가는 방법은 어떻게 될까요?

❶ 지도에서 중앙로역 근처에 있는 영화관을 확인한다.

❷ 어떤 영화관을 가는 것이 좋을지 생각해 보고 활동지를 작성한다.

❸ 작성한 내용을 발표하고 각자의 이유를 공유한다.

❹ 각자의 이유가 타당하다면 모두가 정답이 될 수 있음을 확인한다.

## 중앙로역 근처 영화관 찾기

● 수현이는 중앙로역 근처의 영화관 중 한 곳에서 영화를 보려고 합니다.

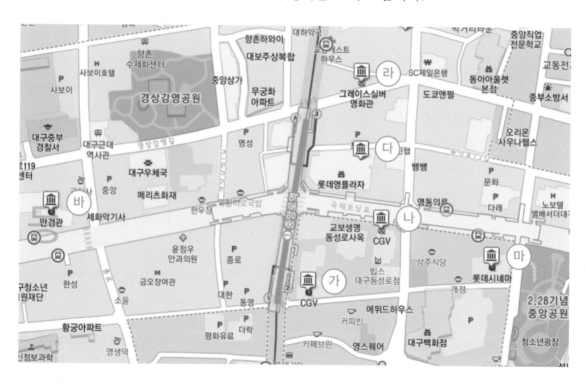

● 위의 지도를 보고 수현이와 친구들은 어떤 영화관을 가는 것이 좋을지 이야기해 봅시다.

| 선택한 영화관 | 이유 |
|---|---|
| ㉮ | 지하철 중앙로역 2번 출구에서 가장 가깝기 때문에 찾기 쉽고 이동거리도 가깝습니다. |

 **② 활동은 이렇게**

❶ 한 번도 지하철을 타 보지 않은 사람에게 지하철을 타는 방법을 설명하는 방법을 생각해 본다.

❷ 지하철 노선도를 보고 수현이네 동네에서 지하철을 탈 수 있는 역(구암역)과 내릴 역(중앙로역)을 확인한다.

❸ 구암역으로 가서 중앙로역까지 가는 과정을 지하철 노선도를 보고 활동지에 작성한다.

❹ 작성한 내용을 발표하고 서로 비교하며 토의한다.

## 동네에서 지하철 중앙로역까지 가는 과정을 순서대로 설명하기

● 수현이는 함께 사는 동네 친구 중 지하철을 타고 중앙로역에 한 번도 가 보지 않은 원진이에게 방법을 설명해 주려고 합니다. 어떻게 설명하면 원진이가 쉽게 이해할 수 있을지 동네에서 중앙로역까지 가는 과정을 순서대로 정리하여 설명해 봅시다.

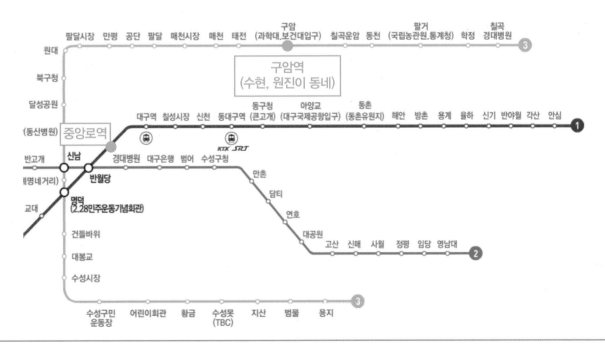

❖ **방법 1.**    집에서 출발 → 구암역에서 타기(용지 방면) → 명덕역에서 1호선으로 환승(안심 방면) → 중앙로역에서 내리기

또는

❖ **방법 2.**    집에서 출발 → 구암역에서 타기(용지 방면) → 신남역에서 2호선으로 환승(영남대 방면) → 반월당역에서 1호선으로 환승(안심 방면) →중앙로역에서 내리기

... unplugged play

# section 21 문제 해결 방법을 순서에 따라 설명하기

관련
부록 151~153쪽

**수업
개요**

★ **학습 목표**     절차적 문제 해결의 방법을 순서에 따라 설명할 수 있다.

★ **모둠 구성**     개인, 짝 활동

★ **준비물**         활동지, 필기도구, 칠교판

★ **컴퓨팅 사고력**  문제 분석, 알고리즘/절차

★ **관련 교과**      〈실과〉

**수업
안내**

본 차시는 자신이 그린 그림을 친구들이 따라할 수 있도록 차례차례 소개하는 활동입니다. 컴퓨팅 사고력의 절차적 사고와 관련된 것으로, 절차적 사고는 어떤 문제를 정해진 순서대로 하나씩 해결하는 것입니다. 학생들은 본 차시를 통해 절차적 문제 해결의 방법을 순서에 따라 설명할 수 있습니다.

**참고
자료**

가연이는 자신이 그린 그림을 친구들이 똑같이 따라 그릴 수 있도록 〈보기〉와 같이 순서대로 설명하였습니다. 그런데 친구들의 그림이 모두 다르게 표현되었습니다. 그 이유는 무엇일까요?

보기

❶ 크기가 같은 원을 2개 그리세요.
❷ 2개의 원을 지나는 직사각형을 1개 그리세요.

진욱

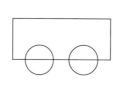
선후

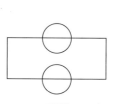
세연

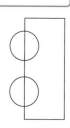
한별

 **① 활동은 이렇게**

❶ 문제 상황을 보고 해결해야 할 문제를 찾아낸다.

❷ 주어진 그림에 대해 그리는 순서를 적는다.

❸ 설명을 발표해 보고 수정한다.

❹ 친구에게 설명할 도형을 그린다.

## 그림 그리는 과정 순서대로 설명하기

● 다음 그림을 그리는 과정을 순서대로 설명하여 봅시다.

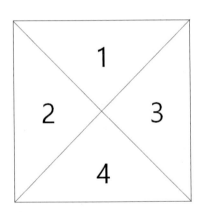

| |
|---|
| ① 정사각형을 1개 그리시오. |
| ② 정사각형 안쪽에 서로 마주보는 꼭지점끼리 선으로 이어서 X 모양으로 그으시오. |
| ③ 4등분 된 삼각형 중 위쪽 삼각형에는 숫자 1을, 왼쪽 삼각형에는 숫자 2를, 오른쪽 삼각형에는 숫자 3을, 아래쪽 삼각형에는 숫자 4를 각 삼각형 중간에 쓰시오. |

## 친구에게 설명할 그림과 설명 작성하기

● 직선, 삼각형, 사각형, 원의 모양을 이용하여 그림을 그리고, 자신이 그린 그림을 친구에게 설명하여 봅시다.

| 내가 그린 그림 | 친구에게 설명하기 |
|---|---|
| | ① 직사각형을 1개 그린다. |
| | ② 직사각형 위쪽 모서리를 밑변으로 하는 이등변 삼각형을 산 모양(위로 솟은 모양)의 형태로 1개 그린다. |
| | ② 이등변 삼각형 위쪽 꼭지점에 작은 원을 1개 그린다. |
| | ③ 직사각형에는 초록색, 이등변 삼각형에는 파란색, 원에는 빨간색을 칠한다. |

❶ 칠교판을 이용하여 제시한 설명대로 모양을 만든다.

❷ 설명을 보고 만든 모양을 친구들과 비교해 본다.

❸ 칠교판 모양 전달하기 놀이를 한다.

❹ 놀이를 통해 만들어진 모양을 친구의 설명과 비교해 본다.

## 칠교판으로 모양 만들기

● 다음 〈보기〉의 설명에 따라 칠교판으로 모양을 만들어 봅시다.

| 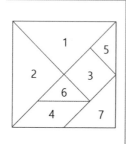 | 〈보기〉<br>① 3번 도형을 다이아몬드 모양으로 놓기<br>② 3번 도형 왼쪽, 오른쪽 아래 모서리에 1번, 2번 도형의 긴 모서리를 붙여 왕관 모양으로 만들기<br>③ 2번 도형 오른쪽 수직 모서리에 4번 도형의 긴 모서리를 붙이기<br>④ 1번 도형 왼쪽 수직 모서리에 5번, 6번 도형을 조합하여 4번 도형처럼 평행사변형으로 붙이기 | 칠교판 모양<br> |
| --- | --- | --- |

## 칠교판 모양 전달하기 놀이

● 칠교판 모양 전달하기 놀이를 하여 봅시다.

① 친구에게 설명하기 위해 그린 그림과 설명을 보고 짝에게 순서대로 전달하고, 짝은 친구의 설명에 따라 모양을 만듭니다.

② 친구가 만든 모양과 자신이 만든 모양을 비교하여 보고, 잘못된 부분을 찾아 설명을 수정합니다.

③ 친구와 역할을 바꾸어 칠교판 모양 전달하기 놀이를 합니다.

| 친구에게 설명한 그림 | 친구에게 할 설명 |
| --- | --- |
|  | ① 큰 이등변 삼각형 2개를 직각인 부분을 서로 붙여 큰 삼각형 1개로 만든다.<br>② 큰 삼각형의 위쪽 꼭지점에 작은 이등변 사각형의 아래쪽 모서리를 붙인다.<br>③ 큰 삼각형의 아래쪽 모서리 중간 하단에 정사각형을 붙여서 나무 형태로 만든다. |

## section 22 알고리즘 이해하기

관련 부록 155~157쪽

**수업 개요**

| | |
|---|---|
| ★ **학습 목표** | 알고리즘에 대해 이해할 수 있다. |
| ★ **모둠 구성** | 개인 활동 |
| ★ **준비물** | 활동지, 필기도구 |
| ★ **컴퓨팅 사고력** | 문제 분석, 알고리즘/절차 |
| ★ **관련 교과** | 〈실과〉 |

**수업 안내**

본 차시는 특정 장소를 찾아가기 위한 길을 친구들에게 소개하는 활동입니다.
컴퓨팅 사고력의 알고리즘과 관련된 것으로, 알고리즘이란 방법을 생각하면서 문제를 해결하는 것입니다. 학생들은 본 차시 활동을 통해 알고리즘에 대하여 이해할 수 있습니다.

**참고 자료**

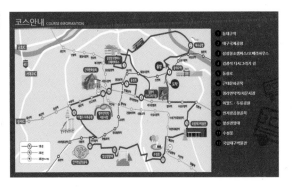

오늘은 가연이네 반 학생들이 시티 투어 버스를 타고 현장 체험 학습을 가는 날입니다. 목적지까지 이동하는 방법을 친구에게 어떻게 설명하면 좋을지 생각해 봅시다.

출처 : 대구시티투어

**① 활동은 이렇게**

❶ 생활 속에서 해결해야 할 문제가 생겼을 때 내가 알고 있는 정보를 어떻게 전달할지 토의한다.

❷ 시티 투어 도심 순환형 코스를 보고 '동대구역'에서 '국채보상운동 기념공원'까지 이동하는 순서를 기록한다.

❸ 작성한 순서 외의 방법을 다양하게 이야기해 본다.

● 생활 속에서 해결해야 할 문제가 생기면 어떻게 해야 할까요? 그림을 보면서 내가 알고 있는 정보를 어떻게 알려줄지 적어봅시다.

나 같으면 쉽게 갈 수 있을거야.

내가 알고 있는 방법을 친구들에게 알려 줄까?

순서대로 이동 순서를 가르쳐 주면 될 것 같아.

어떻게 알려주는 게 좋을까?

| 나의 생각 | 목적지까지 주요 건물 순서대로 알려줍니다. |
| --- | --- |

● 시티 투어 도심 순환형 코스를 보고 '동대구역'에서 출발하여 보기의 장소를 모두 들리면서 '국채보상운동 기념공원'까지 이동하는 순서를 바르게 써 봅시다.

**보기**

① 수성못      ② 이월드 두류공원
③ 근대문화골목      ④ 경상감영공원
⑤ 앞산전망대      ⑥ 대구어린이회관

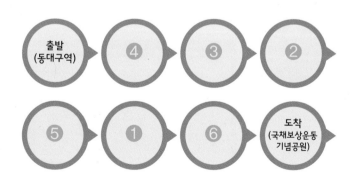

출발 (동대구역) → ④ → ③ → ② → ⑤ → ① → ⑥ → 도착 (국채보상운동 기념공원)

 **② 활동은 이렇게**

① '국채보상운동 기념공원'까지 이동할 수 있도록 알고리즘을 만든다.

② 완성한 알고리즘을 발표한다.

③ 토의를 통해 완성한 알고리즘의 오류를 찾아 수정한다.

## 명령어를 사용하여 알고리즘 만들기

● 아래 그림에서 철수가 '국채보상운동 기념공원'까지 이동할 수 있도록 사용 가능한 명령어를 활용하여 '알고리즘 만들기'를 완성하여 봅시다.

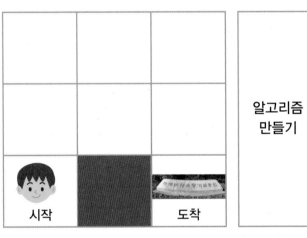

| | | |
| --- | --- | --- |
| | | |
| | | |
| 시작 | | 도착 |

알고리즘 만들기

### 사용 가능한 명령어
▼

| 앞으로 한칸 이동 | 오른쪽으로 90도만큼 돌기 | 왼쪽으로 90도만큼 돌기 |
| --- | --- | --- |

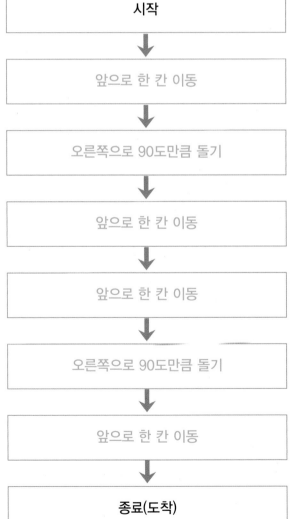

**시작**

↓

앞으로 한 칸 이동

↓

오른쪽으로 90도만큼 돌기

↓

앞으로 한 칸 이동

↓

앞으로 한 칸 이동

↓

오른쪽으로 90도만큼 돌기

↓

앞으로 한 칸 이동

↓

**종료(도착)**

# section 23 순서대로 문제를 해결하는 과정 알아보기

관련 부록 159~161쪽

**수업 개요**

★ **학습 목표**  순서대로 문제를 해결하는 과정을 통해 순차 구조 알고리즘을 이해할 수 있다.

★ **모둠 구성**  개인 활동

★ **준비물**  활동지, 필기도구

★ **컴퓨팅 사고력**  문제 분석, 알고리즘/절차

★ **관련 교과**  〈실과〉

**수업 안내**

본 차시는 문제를 순서대로 해결하는 과정을 통해 순차 구조 알고리즘을 설계하는 활동입니다.
컴퓨팅 사고력의 순차 구조 알고리즘과 관련된 것으로, 순서대로 실행해야 할 동작이나 명령을 나열한 것을 말합니다. 학생들은 본 차시를 통해 순차 구조 알고리즘을 이해할 수 있습니다.

**참고 자료**

**[순차 구조]**

해야 할 순서대로 동작이나 명령을 나열한 것

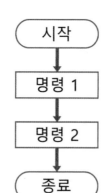

시작 → 프로그램을 시작합니다.

명령 1 → 첫 번째 명령을 수행합니다.

명령 2 → 두 번째 명령을 수행합니다.

종료 → 프로그램을 종료합니다.

 **① 활동은 이렇게**

❶ 학교를 마치고 하교하는 과정을 그림이나 글로 표현한다.

❷ 표현한 내용을 발표하며 공유한다.

❸ 순서대로 문제를 해결해야 하는 생활 속 사례를 찾아 기록한다.

❹ 기록한 내용을 발표하고 공유한다.

❺ 생활 속 많은 문제들이 순서대로 처리되고 있음을 이해한다.

## 우리 생활 주변에서 순서대로 문제 해결하는 경우 살펴보기

● 학교를 마치고 하교하는 과정을 그림, 글 등으로 자유롭게 표현해 보세요.

| 그림 | 글 |
|---|---|
|  | ① 가방을 정리합니다. <br> ② 선생님께 인사를 드립니다. <br> ③ 밖에 나와 신발을 갈아 신습니다. <br> ④ 교통 규칙을 지키며 집으로 걸어갑니다. <br> ⑤ 집에 도착합니다. <br> ⑥ 부모님께 인사를 드립니다. |

● 라면을 끓이는 순서입니다.

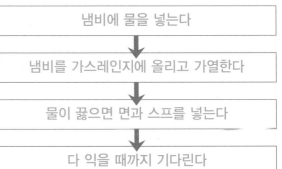

냄비에 물을 넣는다

↓

냄비를 가스레인지에 올리고 가열한다

↓

물이 끓으면 면과 스프를 넣는다

↓

다 익을 때까지 기다린다

● 위와 같이 라면을 끓이는 것도 순서대로 문제를 처리하는 과정입니다. 순서대로 해결해야 하는 생활 속 문제를 찾아 이야기해 봅시다.

| 문자를 보내는 방법 | |
|---|---|
| 담당 구역 청소하는 방법 | |

 **② 활동은 이렇게**

❶ 문자 메시지를 보내는 방법을 명령어를 활용하여 순서대로 나열한다.

❷ 로봇이 목적지까지 갈 수 있도록 사용 가능한 명령어를 활용하여 순서대로 나열한다.

❸ 두 가지 사례의 결과를 발표하고 공유한다.

❹ 순서대로 하지 않았을 때 발생하는 문제짐을 생각히고 공유한다.

## 문자 메시지를 보내는 순서 작성하기

● 사용 가능한 명령어를 이용하여 문자 메시지를 보내는 방법을 순서대로 나열해 보세요.

| 사용 가능한 명령어 |
| --- |
| ㉮ 문자메시지 앱 실행 |
| ㉯ 메시지 받는 사람 입력 |
| ㉰ 전송 버튼 클릭 |
| ㉱ 메시지 내용 작성 |

㉮ → ㉯ → ㉱ → ㉰

## 순서대로 동작하기

● 로봇이 목적지까지 갈 수 있도록 사용 가능한 명령어를 순서대로 써 봅시다.

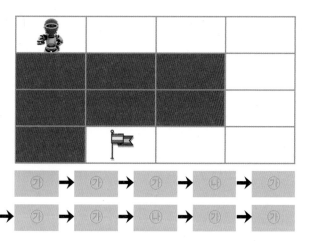

| 사용 가능한 명령어 |
| --- |
| ㉮ 앞으로 한 칸 가기 |
| ㉯ 오른쪽으로 90도만큼 돌기 |
| ㉰ 왼쪽으로 90도만큼 돌기 |

㉮ → ㉮ → ㉮ → ㉯ → ㉮

→ ㉮ → ㉮ → ㉯ → ㉮ → ㉮

... unplugged play

# section 24 반복하는 명령 표현하기

**관련 부록** 163~165쪽

**수업 개요**

| | |
|---|---|
| ★ 학습 목표 | 반복되는 문제를 해결하는 과정을 통해 반복 구조 알고리즘을 이해할 수 있다. |
| ★ 모둠 구성 | 개인 활동 |
| ★ 준비물 | 활동지, 필기도구 |
| ★ 컴퓨팅 사고력 | 문제 분석, 알고리즘/절차 |
| ★ 관련 교과 | 〈실과〉 |

**수업 안내**

본 차시는 반복해서 나오는 명령어를 묶어 반복 구조 알고리즘을 설계하는 활동입니다. 컴퓨팅 사고력의 반복 구조 알고리즘과 관련된 것으로, 반복 구조 알고리즘이란 반복해서 나오는 명령어를 같이 묶어주어 명령어가 단순해지는 것을 말합니다. 학생들은 본 차시를 통해 반복 구조 알고리즘을 이해할 수 있습니다.

**참고 자료**

토실토실 아기 돼지
젖 달라고 꿀꿀꿀
엄마 돼지 오냐 오냐
알았다고 꿀꿀꿀

똑같은 가사가 반복되네!

반복 부분을 간단하게 줄이면 되겠다!

동요 '엄마 돼지 아기 돼지'의 가사를 좀 더 간단하게 컴퓨터에 입력해 보려고 합니다. 어떤 방법이 좋을지 생각해 봅시다.

❶ 강아지 로봇이 목적지까지 가기 위해 어떻게 해야하는지를 살펴본다.

❷ 목적지까지 가기 위한 알고리즘을 작성한다.

❸ 반복되는 부분을 간단하게 표현하기 위한 방법에 대해 이야기 나눈다.

❹ 반복되는 부분을 간단하게 표현하여 알고리즘을 재구성한다.

## 반복되는 알고리즘 살펴보기

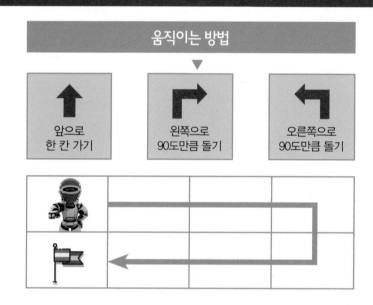

● 강아지 로봇이 목적지까지 갈 수 있도록 순차적으로 명령을 내려 봅시다.

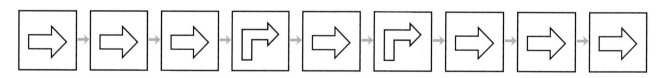

● 반복되는 부분을 어떻게 하면 더 간단한 명령으로 바꿀 수 있을까요?

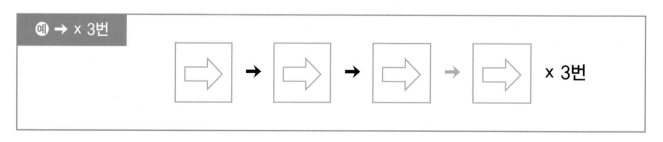

## ❷ 활동은 이렇게

❶ 반복 구조 알고리즘에 대한 내용을 확인한다.

❷ 로봇이 목적지까지 이동하기 위한 반복 구조 알고리즘을 설계한다.

❸ 작성한 반복 구조 알고리즘을 서로 비교한다.

❹ 비교 후 수정하여 반복 구조 알고리즘을 완성한다.

## 반복 알고리즘

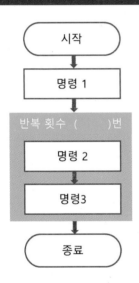

반복 구간에 포함된 '명령 2'와 '명령 3'이 반복 횟수만큼 실행하게 되는 알고리즘입니다.

- 시작합니다.
- '명령 1'을 실행합니다.
- 반복 횟수만큼 '명령 2'와 '명령 3'을 순차적으로 반복 실행합니다.
- 횟수만큼 반복이 끝나면 종료합니다.

## 목적지에 도달하는 로봇 알고리즘 설계하기

● 로봇이 목적지까지 이동하기 위한 반복 구조 알고리즘을 작성하여 봅시다.

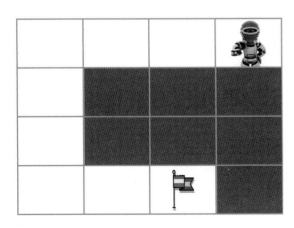

(앞으로 한 칸 가기)를 ( 3 )번 반복하기

왼쪽으로 90도만큼 돌기

(앞으로 한 칸 가기)를 ( 3 )번 반복하기

왼쪽으로 90도만큼 돌기

(앞으로 한 칸 가기)를 ( 2 )번 반복하기

## section 25 조건이 맞으면 동작하는 명령 이해하기

관련 부록 167~169쪽

**수업 개요**

★ **학습 목표**  조건이 참인 경우 동작하는 알고리즘을 이해할 수 있다.

★ **모둠 구성**  개인 활동

★ **준비물**  활동지, 필기도구

★ **컴퓨팅 사고력**  문제 분석, 알고리즘/조건

★ **관련 교과**  〈실과〉

**수업 안내**

본 차시는 조건이 참인 경우 동작하는 선택 구조 알고리즘을 설계하는 활동입니다. 선택 구조 알고리즘이란 주어진 조건에 따라 선택하여 실행되는 구조입니다. 학생들은 본 차시를 통해 생활 속 문제를 해결하는 과정에서 조건에 따라 선택하면서 선택 구조 알고리즘을 이해할 수 있습니다.

**참고 자료**

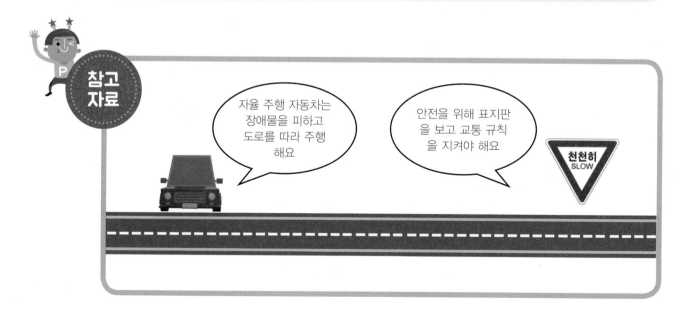

자율 주행 자동차는 장애물을 피하고 도로를 따라 주행해요

안전을 위해 표지판을 보고 교통 규칙을 지켜야 해요

천천히 SLOW

❶ 자율 주행 자동차가 목적지까지 이동하도록 조건에 따른 반복 명령을 만든다.

❷ 만든 내용을 발표한다.

❸ 발표 내용을 통해 수정할 사항을 확인하여 수정한다.

## 조건에 따른 반복 명령 간단하게 수정하기

● 자율 주행 자동차가 목적지까지 이동하려고 합니다. 조건에 따른 반복 명령을 간단하게 수정하여 봅시다.

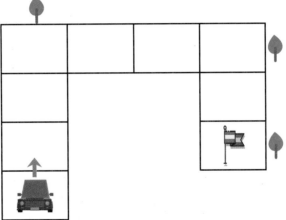

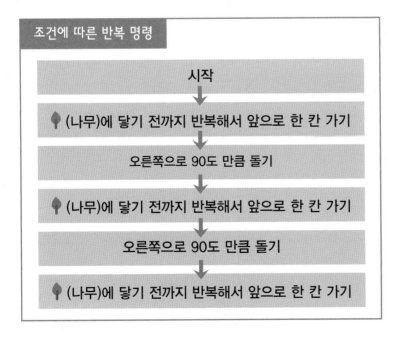

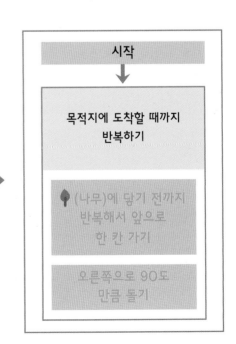

## ② 활동은 이렇게

❶ 〈보기〉를 보고 자율 주행 자동차가 목적지까지 안전하게 이동하기 위해 어떻게 해야 하는지 토의한다.

❷ 사용 가능한 명령어를 활용하여 자율 주행 자동차가 안전하게 목적지까지 이동하는 알고리즘을 작성한다.

❸ 작성한 알고리즘을 발표하고 수정할 부분을 찾아 수정한다.

### 자율 주행 자동차가 목적지까지 이동하는 알고리즘 완성하기

● 〈보기〉의 그림과 같이 표지판이 있는 도로에서 자율 주행 자동차가 목적지까지 안전하게 이동하기 위한 선택 구조 알고리즘을 명령어 기호를 써넣어 완성하여 봅시다.

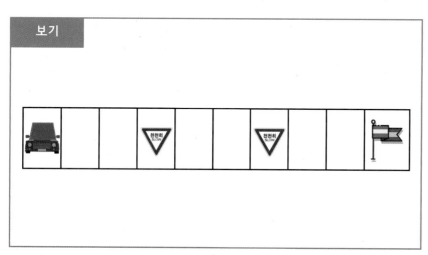

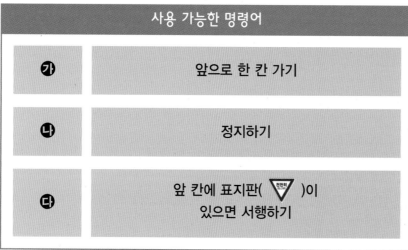

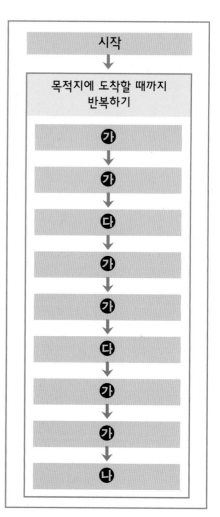

# section 26 미로 탐험

관련 부록 171~173쪽

**수업 개요**

| | |
|---|---|
| ★ 학습 목표 | 반복되는 명령으로 프로그래밍을 할 수 있다. |
| ★ 모둠 구성 | 개인 활동 |
| ★ 준비물 | PC, 연필 |
| ★ 컴퓨팅 사고력 | 문제 분석, 알고리즘/절차, 자동화 |
| ★ 관련 교과 | 〈수학〉 |

**수업 안내**

본 차시는 반복 구조의 프로그래밍을 경험해 보는 활동입니다.
컴퓨팅 사고력의 알고리즘, 자동화와 관련된 것으로, 학생들은 나쁜 돼지를 잡기 위한 알고리즘을 통하여 반복 구조를 이해하게 됩니다.

**참고 자료**

❶ 주소 입력창에 'code.org'을 입력하여 접속한다.

❷ [학생들] 메뉴를 클릭한다.

❸ [과정2]를 클릭한다.

❹ 6번 [미로:반복] 메뉴를 차례대로 수행한다.

 ① 활동은 이렇게 (1~5 단계)

❶ 나쁜 돼지를 잡기 위하여 몇 번 이동해야 하는지 생각한다.

❷ 나쁜 돼지를 잡기 위한 알고리즘을 만든다.

❸ 반복 블록 사용하는 방법을 알아본다.

❹ 반복 구조 프로그램을 만들어본다.

❺ 미션 1~5 단계를 차례대로 진행한다.

### 생각하기(2번 메뉴를 실행했을 때)

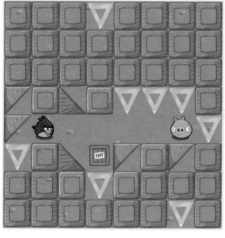

나쁜 돼지를 잡을 수 있게 도와줍시다.

### 알고리즘 만들기

반복 5 번

앞으로 이동

### 명령 블록 알아보기

캐릭터가 오른쪽으로 한 칸 움직입니다.

반복 ??? 번 실행

테두리 안의 블록을 반복 실행합니다.

### 프로그래밍하기

실행하면
반복 5 번
실행    앞으로 이동

## ❷ 활동은 이렇게(6~14 단계)

❶ 캐릭터가 해바라기까지 가기 위하여 몇 번 이동해야 하는지 생각한다.

❷ 캐릭터가 해바라기까지 가기 위한 알고리즘을 만든다.

❸ 반복 블록을 사용하는 방법을 알아본다.

❹ 반복 구조 프로그램을 만들어본다.

❺ 미션 6~14 단계를 차례대로 진행한다.

---

### 생각하기

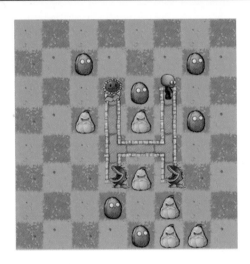

해바라기까지 이동시켜 줍시다.

### 알고리즘 만들기

보기

① 앞으로 이동      ② 오른쪽으로 회전

| 반복 3 번 |
| --- |
| 오른쪽으로 회전 |
| ↓ |
| 앞으로 이동 |
| ↓ |
| 앞으로 이동 |

---

### 명령 블록 알아보기

앞으로 이동      오른쪽으로 회전 ↻ ▾

캐릭터가 앞으로 한 칸 움
직입니다.

캐릭터가 오른쪽으로 90°
회전합니다.

반복 ??? 번
실행

테두리 안의 블록을 반복
실행합니다.

### 프로그래밍하기

# section 27 꿀벌 여행

관련 부록 175~177쪽

**수업 개요**

| | |
|---|---|
| ★ **학습 목표** | 반복되는 명령으로 프로그래밍을 할 수 있다. |
| ★ **모둠 구성** | 개인 활동 |
| ★ **준비물** | PC, 연필 |
| ★ **컴퓨팅 사고력** | 문제 분석, 알고리즘/절차, 자동화 |
| ★ **관련 교과** | 〈수학〉 |

**수업 안내**

본 차시는 반복 구조의 프로그래밍을 경험해 보는 활동입니다.
컴퓨팅 사고력의 알고리즘, 자동화와 관련된 것으로, 학생들은 꿀벌이 꽃에서 꿀을 모으기 위한 알고리즘을 통하여 반복 구조를 이해하게 됩니다.

**참고 자료**

❶ 주소 입력창에 'code.org'을 입력하여 접속한다.

❷ [학생들] 메뉴를 클릭한다.

❸ [과정2]를 클릭한다.

❹ 8번 [꿀벌:반복] 메뉴를 차례대로 수행한다.

# ❶ 활동은 이렇게 (1~7 단계)

❶ 꿀벌이 꿀을 모으기 위하여 몇 번 이동해야 하는지 생각한다.

❷ 꿀벌이 꿀을 모으기 위한 알고리즘을 만든다.

❸ 반복 블록을 사용하는 방법을 알아본다.

❹ 반복 구조 프로그램을 만든다.

❺ 미션 1~7 단계를 차례대로 진행한다.

## 생각하기

반복을 이용하여 꽃의 꿀을 얻을 수 있도록 도와줍시다.

## 알고리즘 만들기

보기

① 앞으로 이동　　② 꽃꿀 얻기

## 명령 블록 알아보기

캐릭터가 앞으로 한 칸 움직입니다.

꽃꿀 얻기

캐릭터가 꽃의 꿀을 얻습니다.

반복 ??? 번 실행

테두리 안의 블록을 반복 실행합니다.

## 프로그래밍하기

## ② 활동은 이렇게(8~14 단계)

❶ 최대한 적은 블록을 사용하여 꿀을 모으는 방법을 생각한다.

❷ 꿀을 모으기 위한 알고리즘을 만든다.

❸ 반복 블록을 사용하는 방법을 알아본다.

❹ 반복 구조 프로그램을 만든다.

❺ 미션 8~14 단계를 차례대로 진행한다.

### 생각하기

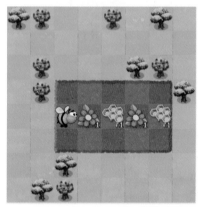

최대한 적은 블록들을 사용해서 모든 꽃 꿀을 모으고, 꿀을 만들어 주세요.

• 벌집에서는 꿀을 만들 수 있습니다.

### 알고리즘 만들기

보기

① 앞으로 이동   ② 꽃꿀 얻기   ③ 꿀 만들기

### 명령 블록 알아보기

테두리 안의 블록을 반복 실행합니다.

꽃꿀 얻기

캐릭터가 꽃의 꿀을 얻습니다.

꿀 만들기

캐릭터가 꿀을 만듭니다.

### 프로그래밍하기

# section 28 컴퓨터로 반복되는 그림 그리기

관련 부록 179~181쪽

**수업 개요**

| ★ 학습 목표 | 회전 블록을 사용하여 프로그래밍을 할 수 있다. |
| --- | --- |
| ★ 모둠 구성 | 개인 활동 |
| ★ 준비물 | PC, 연필 |
| ★ 컴퓨팅 사고력 | 문제 분석, 알고리즘/절차, 자동화 |
| ★ 관련 교과 | 〈수학〉 |

**수업 안내**

본 차시는 회전 블록을 사용하여 프로그래밍을 경험해 보는 활동입니다.
컴퓨팅 사고력의 알고리즘, 자동화와 관련된 것으로, 학생들은 회전 블록을 사용한 알고리즘을 이해하게 됩니다.

**참고 자료**

❶ 주소 입력창에 'code.org'을 입력하여 접속한다.

❷ [학생들] 메뉴를 클릭한다.

❸ [과정2]를 클릭한다.

❹ 7번 [화가:반복] 메뉴를 차례대로 수행한다.

 **① 활동은 이렇게 (1~6 단계)**

❶ 정사각형을 그리기 위하여 어떻게 해야 하는지 생각한다.

❷ 정사각형을 그리기 위한 알고리즘을 만든다.

❸ 회전 블록을 사용하는 방법을 알아본다.

❹ 회전 블록을 사용하는 프로그램을 만든다.

❺ 미션 1~6 단계를 차례대로 진행한다.

## 생각하기

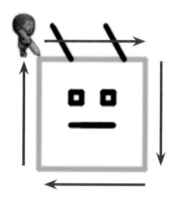

로봇의 머리를 그려보세요. 한 변의 길이가 100 픽셀 인 사각형을 그려봅시다.

## 알고리즘 만들기

**보기**

① 앞으로 이동   ② 오른쪽 돌기   ③ 색 설정

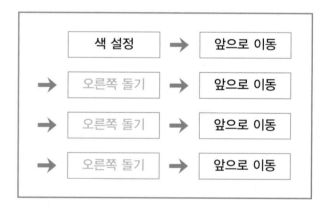

| 색 설정 | → | 앞으로 이동 |
| → 오른쪽 돌기 | → | 앞으로 이동 |
| → 오른쪽 돌기 | → | 앞으로 이동 |
| → 오른쪽 돌기 | → | 앞으로 이동 |

## 명령 블록 알아보기

**앞으로 ▼ 이동: 100 pixels**

캐릭터가 앞으로 100 픽셀 움직입니다.

**오른쪽으로 ▼ 돌기: 90 ▼ 도**

캐릭터가 오른쪽으로 90° 회전합니다.

**색 설정:**

연필의 색을 정합니다.

## 프로그래밍하기

```
실행하면
색 설정:
앞으로 ▼ 이동: 100 pixels
오른쪽으로 ▼ 돌기: 90 ▼ 도
앞으로 ▼ 이동: 100 pixels
오른쪽으로 ▼ 돌기: 90 ▼ 도
앞으로 ▼ 이동: 100 pixels
오른쪽으로 ▼ 돌기: 90 ▼ 도
앞으로 ▼ 이동: 100 pixels
```

## ② 활동은 이렇게(7~10 단계)

❶ 화살 그림을 그리기 위하여 어떻게 해야 하는지 생각한다.

❷ 화살 그림을 그리기 위한 알고리즘을 만든다.

❸ 회전 블록을 사용하는 방법을 알아본다.

❹ 회전 블록을 사용하는 프로그램을 만든다.

❺ 미션 7~16 단계를 차례대로 진행한다.

### 생각하기

화살 그림을 완성해 봅시다. 양쪽 모두 길이가 50 픽셀인 V자를 그려봅시다.

### 알고리즘 만들기

보기

① 앞으로 이동    ② 오른쪽 돌기    ③왼쪽 돌기

### 명령 블록 알아보기

앞으로▼ 이동: 50 pixels

캐릭터가 앞으로 50 픽셀 움직입니다.

오른쪽으로▼ 돌기: 45▼ 도

캐릭터가 오른쪽으로 45° 회전합니다.

왼쪽으로▼ 돌기: 90▼ 도

캐릭터가 왼쪽으로 90° 회전합니다.

### 프로그래밍하기

실행하면

오른쪽으로▼ 돌기: 45▼ 도

앞으로▼ 이동: 50 pixels

왼쪽으로▼ 돌기: 90▼ 도

앞으로▼ 이동: 50 pixels

# 29 이야기 차례 알아보기

관련
부록 183~185쪽

**수업
개요**

| | |
|---|---|
| ★ **학습 목표** | 순서대로 명령하여 프로그래밍을 할 수 있다. |
| ★ **모둠 구성** | 개인 활동 |
| ★ **준비물** | PC, 연필 |
| ★ **컴퓨팅 사고력** | 문제 분석, 알고리즘/절차, 자동화 |
| ★ **관련 교과** | 〈국어〉, 〈도덕〉 |

**수업
안내**

본 차시는 말하기와 방향키를 사용하는 프로그래밍을 경험해 보는 활동입니다.
컴퓨팅 사고력의 알고리즘, 자동화와 관련된 것으로, 학생들은 말하기 블록을 사용하여
대화하고 방향키를 사용하여 캐릭터를 움직이면서 자신만의 이야기를 만들 수 있게 됩
니다.

**참고
자료**

❶ 주소 입력창에 'code.org'을 입력하여 접속한다.

❷ [학생들] 메뉴를 클릭한다.

❸ [과정2]를 클릭한다.

❹ 17번 [Play Lab : 이야기 만들기] 메뉴를 차례대로 수행한다.

## ❶ 활동은 이렇게 (1~5 단계)

❶ 강아지가 하고 싶은 말을 하는 과정을 생각한다.

❷ 강아지가 하고 싶은 말을 하는 알고리즘을 만든다.

❸ 말하기 블록을 사용하는 방법을 알아본다.

❹ 말하기 블록을 사용하는 프로그램을 만든다.

❺ 미션 1~5 단계를 차례대로 진행한다.

### 생각하기

강아지가 "hello world" 라고 말하도록 만들어 주세요.

### 알고리즘 만들기

보기

① 말하기    ② 멈추기    ③ 뛰기

| 시작 |
| --- |

↓

| 말하기 |
| --- |

### 명령 블록 알아보기

말하기 동작 " 하고 싶은 말 "

빈칸 안의 내용을 캐릭터가 말합니다.

### 프로그래밍하기

실행하면
말하기 동작 " hello world "

## ❷ 활동은 이렇게(6~11 단계)

❶ 키보드의 방향키를 사용하여 펭귄이 움직이는 방법을 생각한다.

❷ 키보드의 방향키를 사용하여 펭귄이 움직이는 알고리즘을 만든다.

❸ 방향키 블록을 사용하는 방법을 알아본다.

❹ 방향키를 사용하는 프로그램을 만든다.

❺ 미션 6~11 단계를 차례대로 진행한다.

### 생각하기

키보드의 방향키를 사용해 펭귄이 이리저리 움직이도록
만들어 봅시다.

### 알고리즘 만들기

보기

① 위로 이동    ② 아래로 이동
③ 왼쪽으로 이동    ④ 오른쪽으로 이동

| ↑ 누르면 | → | 위로 이동 |

| ↓ 누르면 | → | 아래로 이동 |

| → 누르면 | → | 오른쪽으로 이동 |

| ← 누르면 | → | 왼쪽으로 이동 |

### 명령 블록 알아보기

캐릭터가 어느 방향으로 움직일
지 정합니다.

• ▼ 버튼을 클릭하면 방향을 설정
  할 수 있습니다.

### 프로그래밍하기

왼쪽 방향키를 누르면
움직이기 왼쪽으로 ▼

오른쪽 방향키를 누르면
움직이기 오른쪽으로 ▼

위쪽 방향키를 누르면
움직이기 위로 ▼

아래 방향키를 누르면
움직이기 아래로 ▼

# section 30 문제 해결 중심 프로그래밍 학습(1)

 관련 부록  187~189쪽

**수업 개요**

★ **학습 목표**  순차와 반복을 활용하는 프로그래밍을 할 수 있다.

★ **모둠 구성**  개인 활동

★ **준비물**  PC, 필기도구

★ **컴퓨팅 사고력**  문제 분석, 알고리즘(절차), 자동화

★ **관련 교과**  〈실과〉, 〈창의적 체험 활동〉

**수업 안내**

본 차시는 블록형 프로그래밍 언어(엔트리)를 활용한 문제 해결형 학습으로서 목표 성취를 위해 프로그래밍(코딩)을 요구하는 형태로 이루어져 있습니다.

컴퓨팅 사고력의 문제 분석 및 알고리즘(절차), 자동화와 관련된 것으로, 학생들은 주어진 문제를 해결하기 위해 문제를 분석하고, 알고리즘을 계획 및 작성하여 컴퓨터를 이용한 자동화의 사례까지 경험할 수 있습니다.

**참고 자료**

❶ '엔트리'를 검색하여 접속한다.

　　(주소 입력창에 'playentry.org'를 입력하여 접속해도 된다.)

❷ [학습하기]-[엔트리 학습하기]를 클릭한다.

❸ [주제별 학습과정] - [미션 해결하기]를 클릭한다.

❹ [엔트리봇 학교 가는 길]을 클릭한다.

## ① 활동은 이렇게(1~10 단계)

❶ 책가방에 도착하기 위하여 몇 번 이동해야 하는지 생각한다.

❷ 책가방까지 도착하기 위한 알고리즘을 만든다.

❸ 이동 블록을 사용하는 방법을 알아본다.

❹ 순차 구조 프로그램을 만든다.

❺ 미션 1~3 단계를 차례대로 수행한다.

---

### 생각하기

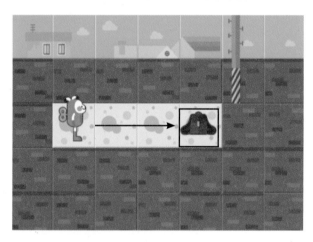

엔트리봇이 책가방을 가지고 가도록 합시다.

### 알고리즘 만들기

문제를 해결하기 위한 방법을 〈보기〉에서 골라 순서대로 써 봅시다.

┌─── 보기 ───┐

① 오른쪽 한 칸          ② 왼쪽 한 칸

┌─────────────────┐
│   오른쪽 한 칸   │
└─────────────────┘
        ↓
┌─────────────────┐
│ ( 오른쪽 한 칸 ) │
└─────────────────┘
        ↓
┌─────────────────┐
│ ( 오른쪽 한 칸 ) │
└─────────────────┘

---

### 명령 블록 알아보기

엔트리봇이 오른쪽으로 한 칸
움직입니다.

### 프로그래밍하기

작업이 완료되면 좌측의 ▶ 시작하기 메뉴를 눌러 제대로 프로그래밍되었는지 확인합니다.

 **② 활동은 이렇게(11~15 단계)**

❶ 책가방에 도착하기 위하여 몇 번 이동해야 하는지 생각한다.

❷ 책가방까지 도착하기 위한 반복 구조 알고리즘을 만든다.

❸ 반복 블록을 사용하는 방법을 알아본다.

❹ 반복 구조 프로그램을 만든다.

❺ 미션 4~5 단계를 차례대로 수행한다.

## 생각하기

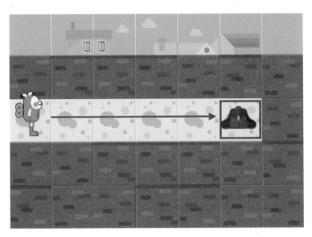

반복 블록을 사용하여 엔트리봇이 책가방을 가지러 가도록 합시다.

## 알고리즘 만들기

문제를 해결하기 위해 몇 번 반복해야 하는지 써봅시다.

**반복 5 번**

오른쪽 한 칸

## 명령 블록 알아보기

엔드리봇이 오른쪽으로 한 칸 움직입니다.

테두리 안의 블록을 반복 실행합니다.

## 프로그래밍하기

# section 31 문제 해결 중심 프로그래밍 학습(2)

관련 부록 191~193쪽

## 수업 개요

★ **학습 목표**    순차와 반복을 활용하는 프로그래밍을 할 수 있다.

★ **모둠 구성**    개인 활동

★ **준비물**    PC, 필기도구

★ **컴퓨팅 사고력**    문제 분석, 알고리즘(절차), 자동화

★ **관련 교과**    〈실과〉, 〈창의적 체험 활동〉

## 수업 안내

본 활동은 문제 해결 중심 프로그래밍 학습 2단계로서 바로 앞 차시의 활동 내용과 이어서 진행할 수 있습니다.

앞 차시에서는 엔트리봇에게 내릴 수 있는 명령이 '오른쪽, 왼쪽' 이었으나 이번 차시에서는 '오른쪽(왼쪽)으로 회전' 요소가 더해져 있습니다. 따라서 학생들은 엔트리봇의 직선 이동뿐만 아니라 회전의 개념을 더하여 경로를 예상하여야 하므로 알고리즘을 설계하는데 좀 더 많은 고민을 해야 합니다.

프로그래밍 언어의 문법 구조는 앞 차시와 동일하게 순차와 반복이 사용됩니다.

## 참고 자료

❶ 엔트리 사이트에 접속한다.

❷ [학습하기]-[엔트리 학습하기]를 클릭한다.

❸ [주제별 학습과정] - [미션 해결하기]를 클릭한다.

❹ [로봇 공장]을 클릭한다.

## ❶ 활동은 이렇게 (1~7 단계)

❶ 부품 더미에 도착하기 위하여 몇 번 이동해야 하는지 생각한다.

❷ 부품 더미까지 도착하기 위한 알고리즘을 만든다.

❸ 이동 블록 사용하는 방법을 알아본다.

❹ 순차 구조 프로그램을 만든다.

❺ 미션 1~7 단계를 차례대로 수행한다.

### 생각하기

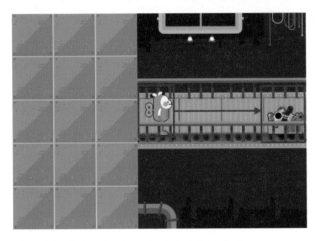

엔트리봇이 부품을 얻도록 이동시켜 봅시다.

### 알고리즘 만들기

문제를 해결하기 위한 방법을 〈보기〉에서 골라 순서대로 써 봅시다.

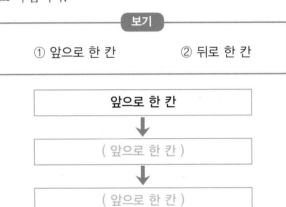

┌──────── 보기 ────────┐
① 앞으로 한 칸      ② 뒤로 한 칸
└─────────────────────┘

┌─────────────────────┐
│   앞으로 한 칸        │
└─────────────────────┘
          ↓
┌─────────────────────┐
│  ( 앞으로 한 칸 )     │
└─────────────────────┘
          ↓
┌─────────────────────┐
│  ( 앞으로 한 칸 )     │
└─────────────────────┘

### 명령 블록 알아보기

앞으로 한 칸 이동 ➡

엔트리봇이 바라보는 방향으로
한 칸 움직입니다.

### 프로그래밍하기

## ② 활동은 이렇게(8~12 단계)

❶ 부품 더미에 도착하기 위하여 몇 번 이동해야 하는지 생각한다.

❷ 부품 더미까지 도착하기 위한 반복 알고리즘을 만든다.

❸ 이동, 반복 블록 사용하는 방법을 알아본다.

❹ 반복 구조 프로그램을 만든다.

❺ 미션 8~12 단계를 차례대로 수행한다.

### 생각하기

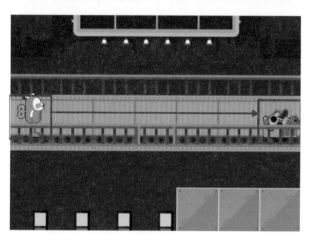

반복 블록을 사용하여 엔트리봇이 부품을 얻도록 이동시켜 봅시다.

### 알고리즘 만들기

문제를 해결하기 위해 몇 번 반복해야 하는지 써봅시다.

반복 6 번

앞으로 한 칸 이동

### 명령 블록 알아보기

엔트리봇이 바라보는 방향으로 한 칸 움직입니다.

2 번 반복하기

테두리 안의 블록을 반복 실행합니다.

### 프로그래밍하기

... unplugged play

# section 32 문제 해결 중심 프로그래밍 학습(3)

관련 부록 195~197쪽

## 수업 개요

| | |
|---|---|
| ★ 학습 목표 | 순차, 반복, 선택 구조를 사용하여 프로그래밍을 할 수 있다. |
| ★ 모둠 구성 | 개인 활동 |
| ★ 준비물 | PC, 필기도구 |
| ★ 컴퓨팅 사고력 | 문제 분석, 알고리즘/절차, 자동화 |
| ★ 관련 교과 | 〈실과〉, 〈창의적 체험 활동〉 |

## 수업 안내

본 차시는 순차, 반복 구조에 이어서 선택 구조의 프로그래밍을 경험해 보는 활동입니다. 컴퓨팅 사고력의 알고리즘, 자동화와 관련된 것으로, 다양한 상황에서 명령을 선택하여 해결해 나가면서 프로그래밍을 할 수 있음을 이해하고 체험합니다.

## 참고 자료

❶ 엔트리 사이트에 접속한다.

❷ [학습하기]-[엔트리 학습하기]를 클릭한다.

❸ [주제별 학습과정] - [미션 해결하기]를 클릭한다.

❹ [전기 자동차]를 클릭한다.

## ❶ 활동은 이렇게 (1~5 단계)

❶ 연료 전지에 도착하기 위하여 몇 번 이동해야 하는지 생각한다.

❷ 연료 전지까지 도착하기 위한 알고리즘을 만든다.

❸ 이동 블록 사용하는 방법을 알아본다.

❹ 순차 구조 프로그램을 만든다.

❺ 미션 1~5 단계를 차례대로 수행한다.

## 생각하기

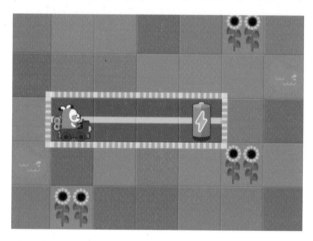

자동차가 계속 움직일 수 있도록 연료를 가지러 가도록
해 봅시다.

## 명령 블록 알아보기

앞으로 한 칸 이동합니다.

## 알고리즘 만들기

문제를 해결하기 위한 방법을 〈보기〉에서 골라 순서대
로 써 봅시다.

> ### 보기
> ① 앞으로 가기 ② 오른쪽으로 돌기 ③ 왼쪽으로 돌기

| 앞으로 가기 |
| :---: |

↓

| ( 앞으로 가기 ) |
| :---: |

↓

| ( 앞으로 가기 ) |
| :---: |

## 프로그래밍하기

## ❷ 활동은 이렇게(6~10 단계)

❶ 이동하는 도중 만약 '장애물'을 만났을 때 돌아가는 동작을 생각한다.

❷ 문제 상황에서 알맞은 명령에 따라 움직이는 알고리즘을 만든다.

❸ 선택 구조 블록 사용 방법을 알아본다.

❹ 선택 구조 프로그램을 만든다.

❺ 미션 6~10 단계를 차례대로 수행한다.

### 생각하기

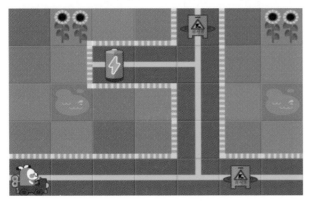

선택 블록과 반복 블록을 사용하여 연료를 얻을 수 있도록 해 봅시다.

### 알고리즘 만들기

보기

① 앞으로 가기   ② 왼쪽으로 돌기   ③ 오른쪽으로 돌기
④ 연료 만날 때까지 반복하기 ⑤ 만약 '장애물'이 앞에 있다면

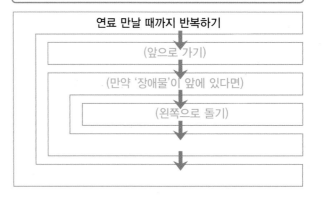

### 명령 블록 알아보기

앞으로 한 칸 이동

왼쪽으로 한 칸 이동

연료를 만날 때까지 반복

오른쪽으로 한 칸 이동

만약 '장애물'이 앞에 있다면

### 프로그래밍하기

# section 33 문제 해결 중심 프로그래밍 학습(4)

관련 부록 199쪽

**수업 개요**

| | |
|---|---|
| ★ **학습 목표** | 반복, 선택 구조를 사용하여 프로그래밍을 할 수 있다. |
| ★ **모둠 구성** | 개인 활동 |
| ★ **준비물** | PC, 필기도구 |
| ★ **컴퓨팅 사고력** | 문제 분석, 알고리즘/절차, 자동화 |
| ★ **관련 교과** | 〈실과〉, 〈창체〉 |

**수업 안내**

본 차시는 앞서 배운 순차, 반복, 선택 구조를 종합하여 학생들이 프로그래밍을 하는 활동입니다.

컴퓨팅 사고력의 알고리즘 및 자동화와 관련된 것으로, 문제 상황에서 알고리즘을 설계하여 종합적인 프로그래밍을 합니다. 학생들은 활동을 통하여 복잡한 상황에서의 명령을 선택하여 프로그램을 만드는 체험을 할 수 있습니다.

**참고 자료**

❶ 엔트리 사이트에 접속한다.

❷ [학습하기]-[엔트리 학습하기]를 클릭한다.

❸ [주제별 학습과정] – [미션 해결하기]를 클릭한다.

❹ [숲속 탐험]을 클릭한다.

## ① 활동은 이렇게 (1~5 단계)

① 숲속 친구에게 가기 위하여 같은 명령이 몇 번 반복되는지 생각한다.

② 프로그램의 알고리즘을 만든다.

③ 반복 블록 사용하는 방법을 알아본다.

④ 반복 구조 프로그래밍을 만든다.

⑤ 미션 1~5 단계를 차례대로 수행한다.

### 생각하기

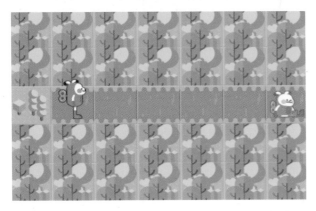

엔트리봇이 숲속 친구까지 가기 위해 같은 명령이 몇 번 반복되는지 생각해 봅시다.

### 알고리즘 만들기

문제를 해결하기 위한 방법을 〈보기〉에서 골라 순서대로 써 봅시다.

보기
① 앞으로 한 칸 이동　② 오른쪽으로 회전
③ 왼쪽으로 회전　④ (　　)번 반복하기

(5번 반복하기)

(앞으로 한 칸 이동)

### 명령 블록 알아보기

앞으로 한 칸 이동

왼쪽으로 돌기

오른쪽으로 돌기

명령 (　)번 반복하기

### 프로그래밍하기

## ❷ 활동은 이렇게(6~8 단계)

❶ 친구에게 가는 동안 벌집과 벽을 만났을 때의 동작을 생각한다.
❷ '만약 ~일 때'의 상황에 대한 알고리즘을 만든다.
❸ 선택 블록 사용하는 방법을 알아본다.
❹ 선택 구조 프로그래밍을 만든다.
❺ 미션 6~8 단계를 차례대로 수행한다.

## 생각하기

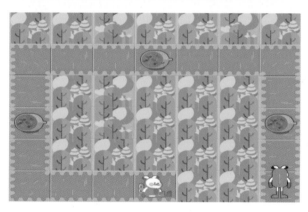

벽과 벌집을 만났을 때의 상황에서 내려야 하는 동작을
생각하여 명령을 내려 봅시다.

## 알고리즘 만들기

### 보기

① 앞으로 가기     ② 뛰어넘기     ③ 왼쪽으로 돌기
④ 오른쪽으로 돌기     ⑤ 친구 만날 때까지 반복하기
⑥ 만약 앞에 '벽'이 있다면     ⑦ 만약 앞에 '벌집'이 있다면

## 명령 블록 알아보기

## 프로그래밍하기

# section 34 첨단 사회 디자인하기

관련
부록 201쪽

**수업
개요**

| | |
|---|---|
| ★ 학습 목표 | 우리 사회에 적용된 소프트웨어 기술을 살펴보고, 내가 만들고 싶은 새로운 첨단 사회를 디자인하고 설명할 수 있다. |
| ★ 모둠 구성 | 모둠 활동 |
| ★ 준비물 | 학습지, 연필, 사인펜, 색연필 |
| ★ 컴퓨팅 사고력 | 자동화 |
| ★ 관련 교과 | 〈창의적 체험 활동〉 |

**수업
안내**

본 차시는 버스 도착 시간을 알려주는 기술, 교통 카드, 자율 운행 지하철 등 우리 사회에 사용되는 소프트웨어 기술들을 찾아보는 활동입니다.

컴퓨팅 사고력의 자동화와 관련된 것으로, 학생들은 우리 사회에 더 추가하고 싶은 소프트웨어 기술들을 찾아 내가 생각하는 첨단 사회를 디자인할 수 있게 됩니다.

**참고
자료**

## ① 활동은 이렇게

❶ 우리 지역에서 자동화되어 있는 것을 찾아본다.

❷ 자동화되어 있는 과정을 분석하여 소프트웨어 원리를 찾아본다.

❸ 소프트웨어가 우리 생활에 주는 이로운 점을 찾아본다.

❹ 다양한 사례들을 친구들과 공유한다.

## 첨단 사회 디자인하기

예) 신발

| 원래 기능 | 소프트웨어 기능 추가 | 편리해진 점 |
|---|---|---|
| 발 보호, 패션 | 걸음 수에 따라 신발 색이 바뀜 | 만보기 기능을 추가하여 운동량을 확인할 수 있음 |

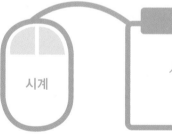
시계

| 원래 기능 | 소프트웨어 기능 추가 | 편리해진 점 |
|---|---|---|
| 시간 확인, 패션 | 전화가 걸려오면 진동으로 알려줌 | 전화기를 주머니나 손에 들고 다니지 않아도 됨 |

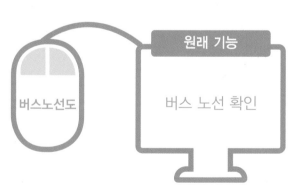
버스노선도

| 원래 기능 | 소프트웨어 기능 추가 | 편리해진 점 |
|---|---|---|
| 버스 노선 확인 | 노선에 따른 버스의 위치를 알려줌 | 버스의 위치를 확인하고 노선을 결정함 |

# section 35 위기 대처 프로그램 디자인하기

관련 부록 203~205쪽

**수업 개요**

| | |
|---|---|
| ★ 학습 목표 | 위기 상황에 적용된 SW 기술을 살펴보고 위기 대처 SW를 디자인하고 설명할 수 있다. |
| ★ 모둠 구성 | 모둠 활동 |
| ★ 준비물 | 학습지, 연필, 사인펜, 색연필 |
| ★ 컴퓨팅 사고력 | 자동화, 병렬화 |
| ★ 관련 교과 | 〈창의적 체험 활동〉 |

**수업 안내**

본 차시는 실생활 적용 활동으로 일상생활에서 일어날 수 있는 재난, 재해 등 위기 상황에서 소프트웨어의 활용성을 탐색합니다.

컴퓨팅 사고력의 자동화, 병렬화와 관련된 것으로, 자동화란 컴퓨터를 이용해 일련의 작업을 자동으로 처리하는 것을 말하며, 병렬화란 다수의 작업을 동시에 처리하는 것을 의미합니다. 학생들은 위기 상황에서 소프트웨어의 적절한 활용이 우리 생활을 좀 더 안전하고 건강하게 만들 수 있음을 인식할 수 있습니다.

**참고 자료**

기반 시설과 소프트웨어를 활용한 위기대처 프로그램은 현재 실생활에서도 이용되고 있습니다.

여러 종류의 재난 대비 내용을 알아보고, 학생들이 직접 위기 상황 소프트웨어를 설계해 보도록 합니다.

## ❶ 활동은 이렇게

❶ 안전재난 문자를 받았던 경험을 이야기한다.

❷ 안전재난 문자가 오는 과정을 생각해 본다.

❸ 안전재난 문자의 내용 및 대처법을 정리해 본다.

## 위기 상황에 활용되는 SW 살펴보기

| 위기 상황 경보 소프트웨어 | 위기 상황 내용 및 대처법 | |
|---|---|---|

**위기 상황 경보 소프트웨어**

 안전 안내 문자
[행정안전부] 오늘 06시15분 제주(제주북부) 호우경보, 산사태·상습침수 등 위험지역 대피, 외출자제 등 안전에 주의바랍니다
오전 6:17

| | |
|---|---|
| 상황 | 호우경보 |
| 대처법 | 위험지역 대피, 외출자제 |

 안전 안내 문자
[행정안전부] 안전안내, 오늘 11시00분 폭염주의보, 낮 동안 야외활동 자제 및 물놀이 안전 등에 유의바랍니다
오전 10:04

| | |
|---|---|
| 상황 | 폭염주의 |
| 대처법 | 야외활동 자제, 물놀이 안전 |

 안전 안내 문자
[대구광역시청] 오늘14:29 대구지역(진도 4)발생. 여진등 안전에 주의하시고 피해발생 시 119 및 구군 재난부서에 신고바랍니다.
오후 3:08

| | |
|---|---|
| 상황 | 지진 |
| 대처법 | 여진 주의, 피해 발생시 119 및 구군 재단부서에 신고 |

 안전 안내 문자
[광주광역시청]금일21시 한파주의보 발효, 노약자 외출자제, 수도동파방지, 화재예방 등 안전에 유의하시기 바랍니다.(888-6119)
오후 2:39

| | |
|---|---|
| 상황 | 한파 주의 |
| 대처법 | 외출자제, 수도동파방지, 화재예방 |

 **② 활동은 이렇게**

❶ 재난, 재해 등 위급 상황의 예를 생각해 본다.

❷ 각 상황별 대처 방법을 생각해 본다.

❸ 위기 대처 소프트웨어를 디자인한다.

## 위기 상황 대처 SW 디자인하기

● 위급한 상황에서 위기 상황을 알리고 대처할 수 있는 SW를 디자인해 봅시다.

| 위기 상황 설정 : 건조 경보 |
| --- |
| 대처 내용 및 방법 :<br><br>화재 예방, 산불 조심, 물 자주 마시기, 보습 잘하기 |
| 위기 대처 SW 디자인하기 |

| 만약 아래의 상황이 발생하면 |
| --- |
| 건조 주의보 또는 건조 경보가 발생하면 |

| 아래의 명령 실행하기 |
| --- |
| 사람들에게 건조 주의보 문자 보내기<br>(화재 예방, 산불 조심, 물 자주 마시기, 보습 잘하기) |

● 내가 만든 위기 대처 소프트웨어를 친구들에게 소개해 봅시다.

# section 36 나만의 어플리케이션 디자인하기

관련 부록 207쪽

**수업 개요**

★ **학습 목표**　　내가 만들고 싶은 어플리케이션을 디자인하고 설명할 수 있다.

★ **모둠 구성**　　짝 활동

★ **준비물**　　학습지, 연필, 사인펜, 색연필

★ **컴퓨팅 사고력**　　추상화, 자동화

★ **관련 교과**　　〈실과〉 나의 진로, 생활과 전기, 전자

**수업 안내**

스마트폰에는 친구와 대화를 할 수 있는 어플리케이션 뿐 아니라 날씨를 알려주거나 길을 안내해 주고, 맛있는 음식을 소개하는 등 생활 속에서 편리하게 사용할 수 있는 어플리케이션들이 많이 있습니다.

만들고 싶은 어플리케이션을 생각해 보고 나만의 어플리케이션을 디자인해 봅시다.

**참고 자료**

## 만들고 싶은 어플리케이션 생각하기

● 내가 만들고 싶은 어플리케이션의 기능을 적어 봅시다.

**내가 만들고 싶은 어플리케이션은**

- 

- 

- 

- 

**이러한 기능들이 있습니다.**

## 만들고 싶은 어플리케이션 디자인하기

● 내가 만들고 싶은 어플리케이션을 디자인해 봅시다.

# 부 록
## (활동지)

활동지는 어린이들이 생각한 결과를 마음대로 표현할 수 있도록 구성되었습니다.
스스로 또는 친구와 함께 의논하면서 생각한 결과를 표현하도록 해주세요.
그런 다음 왜 그렇게 생각했는지 같이 토론하시면 좋습니다.

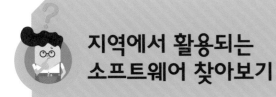

## 지역에서 활용되는 소프트웨어 찾아보기

( )학년 ( )반 ( )번

이름 :

● 우리 지역에서 소프트웨어가 활용되는 예를 찾아보고, 그 기능에 대하여 친구들과 이야기하여 봅시다.

### 스스로 확인해 봅시다

| 내 용 | 확인하기 (◎, ○, △) |
|---|---|
| 우리 지역에서 활용되는 소프트웨어를 찾을 수 있나요? | |
| 우리 지역에서 활용되는 소프트웨어의 기능에 대해서 이야기할 수 있나요? | |

## 소프트웨어가 가져온 변화의 모습

(     )학년   (     )반   (     )번

이름 :

● 과거와 현재의 모습을 보고 관련 있는 것끼리 연결해 봅시다.

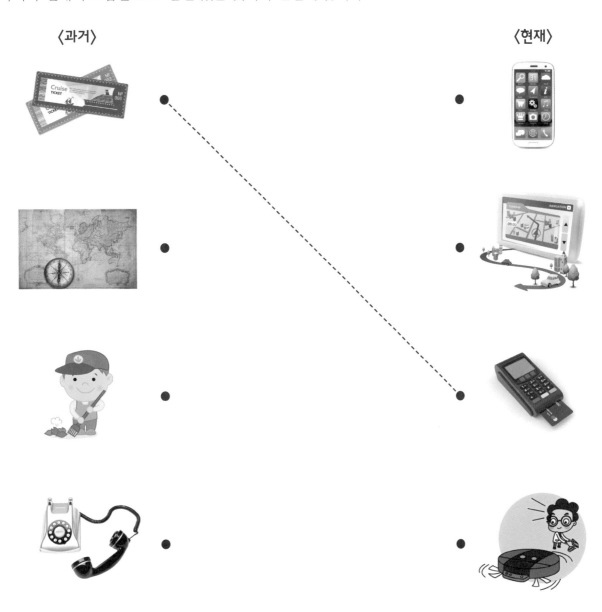

〈과거〉                                    〈현재〉

● 위와 같이 변화하는 데 어떤 것이 영향을 주었는지 생각해 봅시다.

|  |
|---|
|  |
|  |
|  |

● 과거와 현재의 변화 모습의 예를 인터넷 검색을 통해 더 찾아봅시다.

검색 키워드

생활의 변화, 과거와 현재, 부모님 어렸을 적, 10년 전, 사회의 변화, 기술의 발전

| 〈과거〉 | 〈현재〉 |
|---|---|
| TV를 통해 정해진 뉴스 시간에만 날씨 정보를 알 수 있었다. | 인터넷에 들어가 날씨 정보를 언제든지 쉽고 빠르게 알 수 있다. |
| 〈과거〉 | 〈현재〉 |
| | |
| 〈과거〉 | 〈현재〉 |
| | |

## 스스로 확인해 봅시다

| 내 용 | 확인하기<br>(◎, ○, △) |
|---|---|
| 소프트웨어가 가져온 사회의 변화를 바르게 찾을 수 있나요? | |

## 소프트웨어가 가져올 미래의 모습

( )학년 ( )반 ( )번

이름 :

● 소프트웨어가 가져올 미래 가정이나 사회의 모습을 글과 그림으로 표현해 봅시다.

스스로 확인해 봅시다

| 내 용 | 확인하기 (◎, ○, △) |
|---|---|
| 소프트웨어가 가져올 미래 사회의 변화를 상상할 수 있나요? | |

## 소프트웨어와 우리 생활과의 관계 알아보기(1)

(　　)학년　　(　　)반　　(　　)번

이름 :

● 일상생활에서 소프트웨어를 사용한 경험을 친구들과 이야기하여 봅시다.

온라인 쇼핑

장소에 상관없는 영화, 음악 감상

기기를 통한 소식 전달

시계를 이용한 건강 체크

● 친구들의 이야기를 듣고 소프트웨어가 우리 생활과 어떤 관련이 있는지 생각해봅시다.

● 소프트웨어가 없는 우리의 생활을 상상해 보고 자신의 생각을 이야기해 봅시다.

## 소프트웨어와 우리 생활과의 관계 알아보기(2)

( )학년 ( )반 ( )번
이름 :

● 우리가 경험해 보지 못했지만 우리 사회에서 볼 수 있는 소프트웨어 활용 사례는 무엇이 있는지 조사해 봅시다.

| 항목 | 소프트웨어의 기능 |
|---|---|
| 예 자율 주행 자동차 | 특정한 버튼을 누르면 일정한 속도로 자동차가 스스로 주행을 하게 됩니다. |
| | |
| | |
| | |

● 소프트웨어의 발달이 우리 생활에 어떤 변화를 주었는지 이야기해 봅시다.

● 자신이 생각하는 소프트웨어가 무엇인지 그림으로 표현해 봅시다.

스스로 확인해 봅시다

| 내 용 | 확인하기<br>(◎, ○, △) |
|---|---|
| 소프트웨어의 의미를 이해하고 있나요? | |
| 소프트웨어와 우리 생활과의 관계를 이해하고 있나요? | |

내가 생각하는
그림을 명령어로 표현하기

( )학년 ( )반 ( )번

이름 :

● 출발 지점부터 시작하여 그림과 같이 원하는 칸에 모두 연필로 색칠할 수 있도록 기본 명령을 이용하여 프로그래밍 해보세요.

| 내 용 | 확인하기 (◎, ○, △) |
|---|---|
| 내가 생각하는 그림을 명령어로 표현할 수 있나요? | |

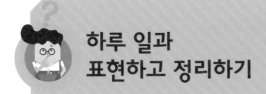

● 아침, 점심, 저녁 등 시간에 따라 하루 일과를 구분하고 반복되는 일과를 찾아봅시다.

| 시간 | 하루 일과 |
|------|-----------|
|      |           |

스스로 확인해 봅시다

| 내 용 | 확인하기 (◎, ○, △) |
|-------|---------------------|
| 하루의 일과 중 반복되는 일과를 찾을 수 있나요? | |
| 하루의 일과를 알고리즘으로 설계할 수 있나요? | |

# 숫자와 색깔을 이용하여 그림 그리기

●숫자와 색깔의 관계를 생각하여 빈칸을 색칠하여 봅시다.

| 숫자 | 0 | 1 | 2 | 3 |
|------|---|---|---|---|
| 색깔 |   |   |   |   |

| | | | | | | | | | | | | | |
|---|---|---|---|---|---|---|---|---|---|---|---|---|---|
| 0 | 1 | 1 | 1 | 0 | 0 | 0 | 0 | 0 | 0 | 1 | 1 | 1 | 0 |
| 1 | 1 | 1 | 1 | 1 | 0 | 0 | 0 | 0 | 1 | 1 | 1 | 1 | 1 |
| 1 | 1 | 1 | 1 | 1 | 0 | 0 | 0 | 0 | 1 | 1 | 1 | 1 | 1 |
| 1 | 1 | 1 | 1 | 1 | 1 | 1 | 1 | 1 | 1 | 1 | 1 | 1 | 1 |
| 0 | 1 | 1 | 1 | 3 | 3 | 1 | 1 | 3 | 3 | 1 | 1 | 1 | 0 |
| 0 | 0 | 1 | 3 | 0 | 0 | 3 | 3 | 0 | 0 | 3 | 1 | 0 | 0 |
| 0 | 0 | 1 | 3 | 0 | 1 | 3 | 3 | 1 | 0 | 3 | 1 | 0 | 0 |
| 0 | 0 | 1 | 3 | 0 | 1 | 3 | 3 | 1 | 0 | 3 | 1 | 0 | 0 |
| 0 | 0 | 3 | 3 | 3 | 3 | 1 | 1 | 3 | 3 | 3 | 3 | 0 | 0 |
| 0 | 0 | 3 | 3 | 1 | 3 | 3 | 3 | 3 | 1 | 3 | 3 | 0 | 0 |
| 0 | 0 | 0 | 3 | 3 | 1 | 1 | 1 | 1 | 3 | 3 | 0 | 0 | 0 |
| 0 | 0 | 0 | 0 | 3 | 3 | 2 | 2 | 3 | 3 | 0 | 0 | 0 | 0 |
| 0 | 0 | 0 | 0 | 0 | 3 | 3 | 3 | 3 | 0 | 0 | 0 | 0 | 0 |

스스로 확인해 봅시다

| 내 용 | 확인하기 (◎, ○, △) |
|-------|------------------|
| 숫자와 색깔의 관계를 이해하고 있나요? | |
| 숫자와 색깔의 관계를 확인하고 숨겨진 그림을 찾을 수 있나요? | |

## 나만의 그림 만들기

( )학년 ( )반 ( )번

이름 :

● 나만의 그림을 정하여 픽셀로 표현하여 봅시다.

| 숫자 | 0 | 1 | 2 | 3 |
|---|---|---|---|---|
| 색깔 | | | | |

| 내 용 | 확인하기 (◎, ○, △) |
|---|---|
| 숫자와 색깔의 관계를 이해하고 있나요? | |
| 숫자와 색깔의 관계를 확인하고 숨겨진 그림을 찾을 수 있나요? | |

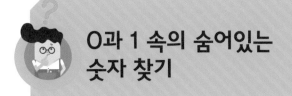
0과 1 속의 숨어있는 숫자 찾기

● 0과 1을 이용하여 숨어있는 숫자를 찾아봅시다.

$$8 + 4 + 2 + 1 = \mathbf{15}$$

2X2X2     2X2     2     1

| 1 | 1 | 1 | 1 |

| 1 | 0 | 1 | 1 | = ?

| 1 | 1 | 0 | 1 | = ?

스스로 확인해 봅시다

| 내 용 | 확인하기 (◎, ○, △) |
|---|---|
| 이진수를 이해하였나요? | |
| 0과 1을 이용하여 숫자를 만들고 찾을 수 있나요? | |

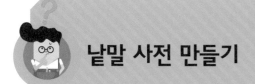

## 낱말 사전 만들기

( )학년 ( )반 ( )번
이름 :

● 제시하는 초성으로 만들 수 있는 낱말을 찾아보고, 국어 사전의 규칙대로 낱말을 정리하여 봅시다.

**제시어**

| 제시어에 맞게 낱말 적기 | | |
|---|---|---|
| | | |
| | | |
| | | |

| 찾은 낱말 규칙대로 정리하기 | | |
|---|---|---|
| | | |
| | | |
| | | |

스스로 확인해 봅시다

| 내 용 | 확인하기 (◎, ○, △) |
|---|---|
| 국어 사전의 규칙대로 낱말을 정렬할 수 있나요? | |
| 국어 사전의 규칙과 컴퓨터의 자료 정렬 방법에 대해 이야기 할 수 있나요? | |

## 규칙에 따라 자료 정렬하기

● 일정한 규칙에 따라 자료를 순서대로 정렬하여 봅시다.

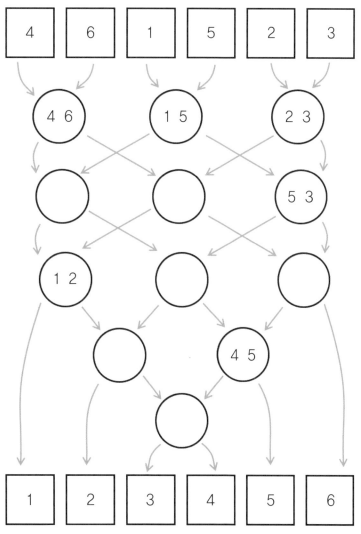

| 내 용 | 확인하기<br>(◎, ○, △) |
|---|---|
| 일정한 규칙이나 조건에 따라 순서를 정할 수 있나요? | |
| 규칙을 지키며 상대를 배려하며 활동에 참여하였나요? | |

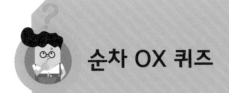

## 순차 OX 퀴즈

● OX 퀴즈를 내고 친구들과 함께 문제를 풀어봅시다.

| 주제 | 조선 시대 역사 퀴즈 | | |
|---|---|---|---|
| 1 | | 정답 | |
| 2 | | 정답 | |
| 3 | | 정답 | |
| 4 | | 정답 | |

| 마지막 정답 숫자 |
|---|
| |

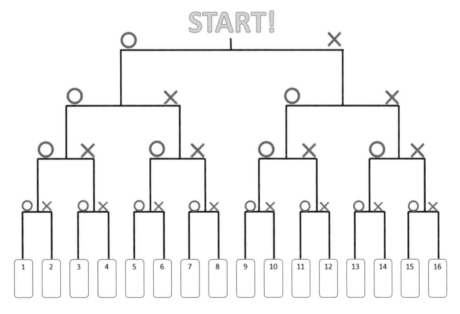

| 내 용 | 확인하기 (◎, ○, △) |
|---|---|
| OX 퀴즈 사다리의 규칙을 알고 활동에 즐겁게 참여했나요? | |

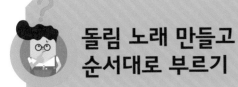

**돌림 노래 만들고
순서대로 부르기**

( )학년 ( )반 ( )번

이름 :

● 노래의 가사를 바꾸어 보고 순서에 맞게 돌림 노래를 불러 봅시다.

퐁 당 퐁 당 돌 을 던 지 자 누 나 몰 래 돌 을 던 지 자

냇 물 아 퍼 져 라 널 리 널 리 퍼 져 라

건 너 편 에 앉 아 서 나 물 을 씻 는

우 리 누 나 손 등 을 간 질 여 주 어 라

스스로 확인해 봅시다

| 내 용 | 확인하기 (◎, ○, △) |
|---|---|
| 차례를 지켜 순서대로 돌림 노래를 부를 수 있나요? | |

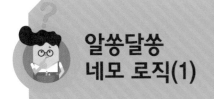
● 숫자를 이용해 숨겨진 그림을 찾아봅시다.

**①-1**

|       |   | 3 | 4 | 4 | 4 | 3 |
|-------|---|---|---|---|---|---|
| 2 | 2 |   |   |   |   |   |
|   | 5 |   |   |   |   |   |
|   | 5 |   |   |   |   |   |
|   | 3 |   |   |   |   |   |
|   | 1 |   |   |   |   |   |

**①-2**

|       |   | 1 | 2 |   | 2 | 1 |
|-------|---|---|---|---|---|---|
|       |   | 1 | 2 | 5 | 2 | 1 |
| 2 | 5 |   |   |   |   |   |
|   | 3 |   |   |   |   |   |
|   | 1 |   |   |   |   |   |
|   | 3 |   |   |   |   |   |
|   | 5 |   |   |   |   |   |

**①-3**

|       |   |   | 2 | 2 | 2 |   |
|-------|---|---|---|---|---|---|
|       |   | 3 | 2 | 2 | 2 | 3 |
|   | 3 |   |   |   |   |   |
|   | 5 |   |   |   |   |   |
| 1 | 1 |   |   |   |   |   |
|   | 5 |   |   |   |   |   |
|   | 3 |   |   |   |   |   |

**①-4**

|          |   | 3 | 1 |   | 1 | 3 |
|----------|---|---|---|---|---|---|
|          |   | 1 | 2 | 5 | 2 | 1 |
|     | 5  |   |   |   |   |   |
| 1 1 | 1  |   |   |   |   |   |
|     | 5  |   |   |   |   |   |
|     | 3  |   |   |   |   |   |
| 1 1 | 1  |   |   |   |   |   |

| 내 용 | 확인하기 (◎, ○, △) |
|-------|---------------------|
| 네모 로직의 규칙을 이해하고 활동에 즐겁게 참여하였나요? | |

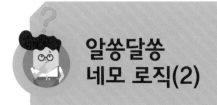

# 알쏭달쏭 네모 로직(2)

● 숫자를 이용해 숨겨진 그림을 찾아봅시다.

**②-1**

|  |  |  |  | 5 | 6 |  |  |  |  |  |
|---|---|---|---|---|---|---|---|---|---|---|
|  | 2 | 3 | 4 | 2 | 1 | 10 | 5 | 4 | 3 | 2 |
| 2 |  |  |  |  |  |  |  |  |  |  |
| 4 |  |  |  |  |  |  |  |  |  |  |
| 6 |  |  |  |  |  |  |  |  |  |  |
| 8 |  |  |  |  |  |  |  |  |  |  |
| 10 |  |  |  |  |  |  |  |  |  |  |
| 10 |  |  |  |  |  |  |  |  |  |  |
| 1 |  |  |  |  |  |  |  |  |  |  |
| 1 |  |  |  |  |  |  |  |  |  |  |
| 1 1 |  |  |  |  |  |  |  |  |  |  |
| 3 |  |  |  |  |  |  |  |  |  |  |

**②-2**

|  |  |  | 7 |  | 4 | 4 |  | 7 |  |  |
|---|---|---|---|---|---|---|---|---|---|---|
|  | 4 | 6 | 2 | 10 | 1 | 1 | 10 | 2 | 6 | 4 |
| 2 2 |  |  |  |  |  |  |  |  |  |  |
| 2 2 |  |  |  |  |  |  |  |  |  |  |
| 2 2 |  |  |  |  |  |  |  |  |  |  |
| 2 2 |  |  |  |  |  |  |  |  |  |  |
| 8 |  |  |  |  |  |  |  |  |  |  |
| 10 |  |  |  |  |  |  |  |  |  |  |
| 10 |  |  |  |  |  |  |  |  |  |  |
| 2 4 2 |  |  |  |  |  |  |  |  |  |  |
| 4 4 |  |  |  |  |  |  |  |  |  |  |
| 8 |  |  |  |  |  |  |  |  |  |  |

스스로 확인해 봅시다

| 내 용 | 확인하기 (◎, ○, △) |
|---|---|
| 숫자를 이용해 숨겨진 그림을 찾을 수 있나요? |  |

# QR 코드의 비밀

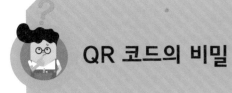

● 이진수를 십진수로 바꾸어 QR 코드의 숨겨진 정보를 찾아봅시다.

〈해석표〉

| 1 | 2 | 3 | 4 | 5 | 6 | 7 | 8 |
|---|---|---|---|---|---|---|---|
| ㄱ | ㄴ | ㄷ | ㄹ | ㅁ | ㅂ | ㅅ | ㅇ |
| 9 | 10 | 11 | 12 | 13 | 14 | 15 | 16 |
| ㅈ | ㅊ | ㅋ | ㅌ | ㅍ | ㅎ | ㅏ | ㅑ |
| 17 | 2 | 18 | 19 | 20 | 21 | 22 | 23 |
| ㅓ | ㅕ | ㅗ | ㅛ | ㅜ | ㅠ | ㅡ | ㅣ |

→ 1001
→ 10011
→ 1111
→ 1001
→ 1111

| QR코드 | | | | | 이진수 | 십진수 |
|---|---|---|---|---|---|---|
| | | | | | | |
| | | | | | | |
| | | | | | | |
| | | | | | | |
| | | | | | | |

| QR코드 | | | | | 이진수 | 십진수 |
|---|---|---|---|---|---|---|
| | | | | | | |
| | | | | | | |
| | | | | | | |
| | | | | | | |
| | | | | | | |

스스로 확인해 봅시다

| 내 용 | 확인하기 (◎, ○, △) |
|---|---|
| 이진수를 사용하여 QR 코드 속의 정보를 알 수 있나요? | |

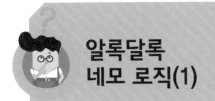
알록달록
네모 로직(1)

● 주어진 규칙에 따라 지정된 색깔로 빈칸을 채워 숨겨진 그림을 찾아보세요.

### ① - 1

| | 2 | 4 | 1<br>1<br>2<br>1 | 4 | 2<br>1 |
|---|---|---|---|---|---|
| 3 | | | | | |
| 1 1 1 1 | | | | | |
| 1 4 | | | | | |
| 4 | | | | | |
| 1 1 | | | | | |

### ① - 2

| | 1 | 1<br>1 | 1<br>1<br>2 | 1<br>1 | 1 |
|---|---|---|---|---|---|
| 1 | | | | | |
| 1 3 1 | | | | | |
| 1 | | | | | |
| 1 | | | | | |
| 1 1 | | | | | |

스스로 확인해 봅시다

| 내 용 | 확인하기<br>(◎, ○, △) |
|---|---|
| 색깔 네모 로직의 규칙을 이해하고 활동에 즐겁게 참여하였나요? | |

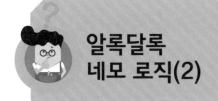

# 알록달록
# 네모 로직(2)

(　)학년　(　)반　(　)번

이름 :

● 숫자를 이용해 숨겨진 그림을 찾아보세요.

**②-1**

| | 2 | 4 1 | 1 1 2 | 4 1 | 2 |
|---|---|---|---|---|---|
| 3 | x | | | | x |
| 1 1 1 | x | | | | x |
| 5 | | | | | |
| 5 | | | | | |
| 1 1 | x | | x | | x |

**②-2**

| | 5 | 3 3 | 3 3 1 | 1 3 3 | 2 4 1 | 4 4 1 | 1 1 3 3 | 3 1 1 | 3 3 | 5 |
|---|---|---|---|---|---|---|---|---|---|---|
| 2 | | | | | | | | | | |
| 1 | | | | | | | | | | |
| 1 4 1 | | | | | | | | | | |
| 3 2 3 | | | | | | | | | | |
| 10 | | | | | | | | | | |
| 2 4 2 | | | | | | | | | | |
| 1 2 1 | | | | | | | | | | |
| 10 | | | | | | | | | | |
| 2 1 1 2 | | | | | | | | | | |
| 8 | | | | | | | | | | |

스스로 확인해 봅시다

| 내 용 | 확인하기 (◎, ○, △) |
|---|---|
| 숫자를 이용해 숨겨진 그림을 찾을 수 있나요? | |

## 카이사르 암호

● 규칙에 따라 문장을 암호화시켜 보고 원래 문장으로 되돌려 봅시다.

**친구들에게 보낼 문장 쓰기**

| 친구 이름 | 원래 문장 | 암호화된 문장 |
|---|---|---|
|  |  |  |
|  |  |  |
|  |  |  |

**암호키 '3'으로 암호문 만들기**

| 원래 알파벳 표 | | | | | | | | | | | | |
|---|---|---|---|---|---|---|---|---|---|---|---|---|
| a | b | c | d | e | f | g | h | i | j | k | l | m |
| n | o | p | q | r | s | t | u | v | w | x | y | z |

| 원래 문장 | i love you |
|---|---|
| 암호키 | 3 |

| 바뀐 알파벳 표 | | | | | | | | | | | | |
|---|---|---|---|---|---|---|---|---|---|---|---|---|
|  |  |  |  |  |  |  |  |  |  |  |  |  |
|  |  |  |  |  |  |  |  |  |  |  |  |  |

| 바뀐 문장 |  |
|---|---|

**원래 문장으로 되돌리기**

| 바뀐 알파벳 표 | | | | | | | | | | | | |
|---|---|---|---|---|---|---|---|---|---|---|---|---|
| k | l | m | n | o | p | q | r | s | t | u | v | w |
| x | y | z | a | b | c | d | e | f | g | h | i | j |

| 바뀐 문장 | cypdgkbo onemkdsyx |
|---|---|
| 암호키 | 10 |

| 원래 알파벳 표 | | | | | | | | | | | | |
|---|---|---|---|---|---|---|---|---|---|---|---|---|
| a | b | c | d | e | f | g | h | i | j | k | l | m |
| n | o | p | q | r | s | t | u | v | w | x | y | z |

| 원래 문장 |  |
|---|---|

스스로 확인해 봅시다

| 내 용 | 확인하기 (◎, ○, △) |
|---|---|
| 문장을 암호화하고 원래대로 되돌릴 수 있나요? |  |

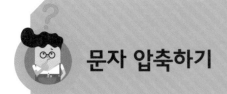

## 문자 압축하기

● 글을 짧게 압축하여 간단히 나타내 봅시다.

### 〈압축하기 전〉

산토끼 토끼야 어디를 가느냐
깡충깡충 뛰면서 어디를 가느냐
산토끼 고개를 나 혼자 넘어서
토실토실 알밤을 주워서 올 테야

### 〈압축한 후〉

### 〈압축하기 전〉

떴다 떴다 비행기 날아라 날아라
높이 높이 날아라 우리 비행기
내가 만든 비행기 날아라 날아라
멀리 멀리 날아라 우리 비행기

### 〈압축한 후〉

스스로 확인해 봅시다

| 내 용 | 확인하기 (◎, ○, △) |
|---|---|
| 글을 압축하여 간단히 나타낼 수 있나요? | |

## 절차적 문제 해결 방법 알아보기

● 수현이는 함께 가는 친구 중 지하철을 타고 중앙로역에 한 번도 가 보지 않은 원진이에게 방법을 설명해 주려고 합니다. 어떻게 설명하면 원진이가 쉽게 이해할 수 있을지 집에서 중앙로역까지 가는 과정을 순서대로 정리하여 설명해 봅시다.

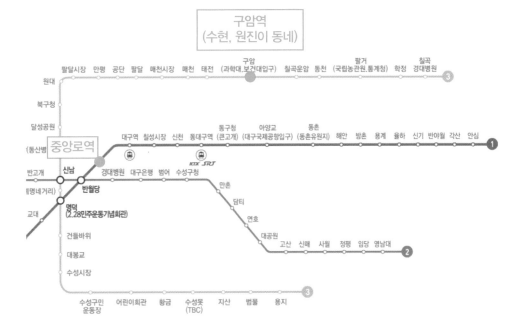

| 내 용 | 확인하기 (◎, ○, △) |
|---|---|
| 문제를 효율적으로 해결하는 방법을 설명할 수 있나요? | |
| 제시된 문제의 해결 과정을 단순화할 수 있나요? | |
| 절차적 문제 해결 과정에 적극적으로 참여하였나요? | |

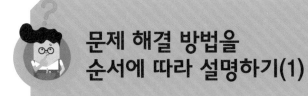

문제 해결 방법을
순서에 따라 설명하기(1)

( )학년 ( )반 ( )번
이름 :

● 다음 그림을 그리는 과정을 순서대로 설명하여 봅시다.

| |
|---|
| 1 2 3 4 |

③ 4등분 된 삼각형 중 위쪽 삼각형에는 숫자 1을, 왼쪽 삼각형에는 숫자 2를, 오른쪽 삼각형에는 숫자 3을, 아래쪽 삼각형에는 숫자 4를 각 삼각형 중간에 쓰시오.

● 직선, 삼각형, 사각형, 원의 모양을 이용하여 그림을 그리고, 자신이 그린 그림을 친구에게 설명하여 봅시다.

| 내가 그린 그림 | 친구에게 설명하기 |
|---|---|
| | |

## 문제 해결 방법을 순서에 따라 설명하기(2)

● 다음 설명에 따라 칠교판으로 모양을 만들어 봅시다.

| | | 칠교판 모양 |
|---|---|---|
| 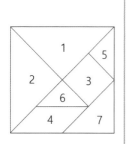 | 〈보기〉<br>① 3번 도형을 다이아몬드 모양으로 놓기<br>② 3번 도형 왼쪽, 오른쪽 아래 모서리에 1번, 2번 도형의 긴 모서리를 붙여 왕관 모양으로 만들기<br>③ 2번 도형 오른쪽 수직 모서리에 4번 도형의 긴 모서리를 붙이기<br>④ 1번 도형 왼쪽 수직 모서리에 5번, 6번 도형을 조합하여 4번 도형처럼 평행사 변형으로 붙이기 | |

● 칠교판 모양 전달하기 놀이를 하여 봅시다.

① 친구에게 설명하기 위해 그린 그림과 설명을 보고 짝에게 순서대로 전달하고, 짝은 친구의 설명에 따라 모양을 만듭니다.

② 친구가 만든 모양과 자신이 만든 모양을 비교하여 보고, 잘못된 부분을 찾아 설명을 수정합니다.

③ 친구와 역할을 바꾸어 칠교판 모양 전달하기 놀이를 합니다.

| 친구에게 설명한 그림 | 친구에게 할 설명 |
|---|---|
| | |

스스로 확인해 봅시다

| 내 용 | 확인하기<br>(◎, ○, △) |
|---|---|
| 문제를 효율적으로 해결하는 방법을 설명할 수 있나요? | |
| 제시된 문제의 해결 과정을 단순화할 수 있나요? | |
| 절차적 문제 해결 과정에 적극적으로 참여하였나요? | |

# 알고리즘 이해하기(1)

● 생활 속에서 해결해야 할 문제가 생기면 어떻게 해야 할까요? 그림을 보면서 내가 알고 있는 정보를 어떻게 알려줄지 적어봅시다.

나 같으면 쉽게 갈 수 있을거야.

내가 알고 있는 방법을 친구들에게 알려 줄까?

순서대로 이동 순서를 가르쳐 주면 될 것 같아.

어떻게 알려주는 게 좋을까?

| 나의 생각 | |
|---|---|

● 시티 투어 도심 순환형 코스를 보고 '동대구역'에서 출발하여 보기의 장소를 모두 들리면서 '국채보상운동 기념공원'까지 이동하는 순서를 바르게 써 봅시다.

보기

① 수성못

② 이월드 두류공원

③ 근대문화골목

④ 경상감영공원

⑤ 앞산전망대

⑥ 대구어린이회관

출발
(동대구역) → ◯ → ◯ → ◯ → ◯ → ◯ → ◯ → 도착
(국채보상운동
기념공원)

## 알고리즘 이해하기(2)

● 아래 그림에서 철수가 '국채보상운동 기념공원'까지 이동할 수 있도록 사용 가능한 명령어를 활용하여 '알고리즘 만들기'를 완성하여 봅시다.

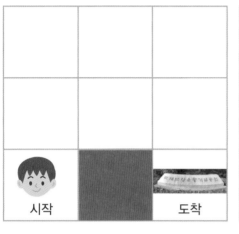

알고리즘 만들기

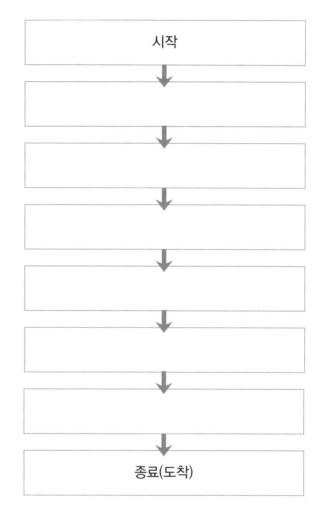

시작 / 종료(도착)

### 사용 가능한 명령어

| 앞으로 한칸 이동 | 오른쪽으로 90도만큼 돌기 | 왼쪽으로 90도만큼 돌기 |
|---|---|---|

스스로 확인해 봅시다

| 내 용 | 확인하기 (◎, ○, △) |
|---|---|
| 알고리즘의 개념을 친구에게 이야기할 수 있나요? | |
| 생활 속에서 알고리즘이 사용된 예를 찾을 수 있나요? | |
| 절차적 문제 해결 과정에 적극적으로 참여하였나요? | |

# 순서대로 문제를 해결하는 과정 알아보기(1)

(     )학년   (     )반   (     )번
이름 :

●아침에 일어나서 등교하는 과정을 그림, 글 등으로 자유롭게 표현해 보세요.

| 그림 | 글 |
|:---:|:---:|
| ▼ | ▼ |
|  |  |

●라면을 끓이는 과정을 순서대로 설명해 보세요.

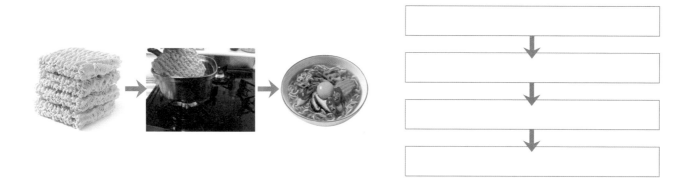

|  |
|---|
| ↓ |
|  |
| ↓ |
|  |
| ↓ |
|  |

●위와 같이 라면을 끓이는 것도 순서대로 문제를 처리하는 과정입니다. 순서대로 해결해야 하는 생활 속 문제를 찾아 이야기해 봅시다.

|  |
|---|
|  |
|  |
|  |

● 사용 가능한 명령어를 이용하여 문자 메시지를 보내는 방법을 순서대로 나열해 보세요.

| 사용 가능한 명령어 ▼ |
| --- |

| | |
| --- | --- |
| ㉮ | 문자메시지 앱 실행 |
| ㉯ | 메시지 받는 사람 입력 |
| ㉰ | 전송 버튼 클릭 |
| ㉱ | 메시지 내용 작성 |

[ ] → [ ] → [ ] → [ ]

● 로봇이 목적지까지 갈 수 있도록 사용 가능한 명령어를 순서대로 써 봅시다.

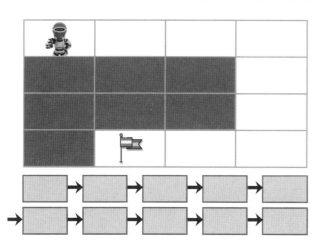

| 사용 가능한 명령어 ▼ |
| --- |

| | |
| --- | --- |
| ㉮ | 앞으로 한 칸 가기 |
| ㉯ | 오른쪽으로 90도만큼 돌기 |
| ㉰ | 왼쪽으로 90도만큼 돌기 |

### 스스로 확인해 봅시다

| 내 용 | 확인하기 (◎, ○, △) |
| --- | --- |
| 순차 구조 알고리즘의 개념을 정확히 이해하고 있나요? | |
| 순차 구조 알고리즘이 사용된 생활 속 문제 상황을 찾았나요? | |
| 사용 가능한 명령어를 이용하여 순차 구조 알고리즘을 정확하게 설계할 수 있나요? | |

# 반복하는 명령 표현하기(1)

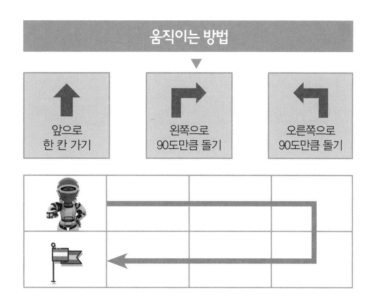

● 강아지 로봇이 목적지까지 갈 수 있도록 순차적으로 명령을 내려 봅시다.

● 반복되는 부분을 어떻게 하면 더 간단한 명령으로 바꿀 수 있을까요?

> 예 ➡ × 3번

## 스스로 확인해 봅시다

| 내 용 | 확인하기 (◎, ○, △) |
| --- | --- |
| 순차적인 명령을 반복 명령으로 바꿀 수 있나요? | |

# 반복하는 명령 표현하기(2)

● 로봇이 목적지까지 이동하기 위한 반복 구조 알고리즘을 작성하여 봅시다.

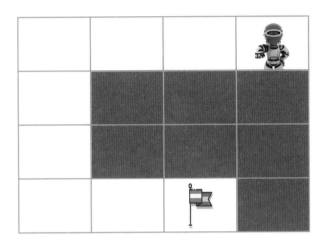

### 사용 가능한 명령어

⑦ (앞으로 한 칸 가기)를 ( )번 반복하기

⑭ 오른쪽으로 90도만큼 돌기

⑭ 왼쪽으로 90도만큼 돌기

㉣ 뒤로 한 칸 가기

스스로 확인해 봅시다

| 내 용 | 확인하기 (◎, ○, △) |
|---|---|
| 반복 알고리즘의 개념을 이해하고 있나요? | |
| 생활 속에서 반복 구조 알고리즘이 사용되는 예를 찾을 수 있나요? | |
| 사용 가능한 명령어를 이용하여 반복 구조 알고리즘을 정확하게 설계할 수 있나요? | |

## 조건이 맞으면 동작하는 명령 이해하기(1)

● 자율 주행 자동차가 목적지까지 이동하려고 합니다. 명령에 대해 조건에 따른 반복 명령을 이용하여 간단하게 수정하여 봅시다.

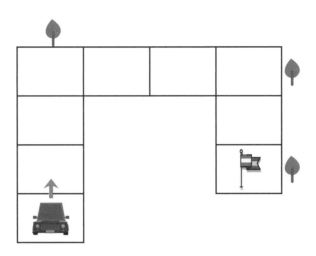

| 조건에 따른 반복 명령 |
|---|
| 시작 |
| ↓ |
| 🌲(나무)에 닿기 전까지 반복해서 앞으로 한 칸 가기 |
| ↓ |
| 오른쪽으로 90도 만큼 돌기 |
| ↓ |
| 🌲(나무)에 닿기 전까지 반복해서 앞으로 한 칸 가기 |
| ↓ |
| 오른쪽으로 90도 만큼 돌기 |
| ↓ |
| 🌲(나무)에 닿기 전까지 반복해서 앞으로 한 칸 가기 |

→

| 시작 |
|---|
| ↓ |
| 목적지에 도착할 때까지 반복하기 |
| |
| |

## 조건이 맞으면 동작하는 명령 이해하기(2)

( )학년 ( )반 ( )번
이름 :

● 〈보기〉의 그림과 같이 표지판이 있는 도로에서 자율 주행 자동차가 목적지까지 안전하게 이동하기 위한 선택 구조 알고리즘을 명령어 기호를 써 넣어 완성하여 봅시다.

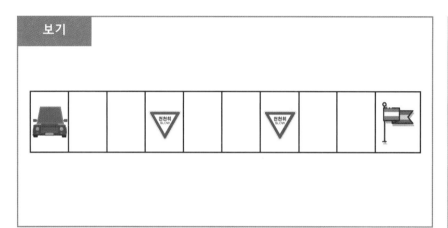

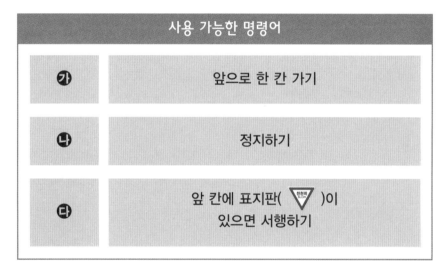

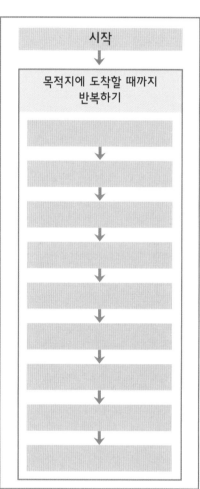

스스로 확인해 봅시다

| 내 용 | 확인하기 (◎, ○, △) |
| --- | --- |
| 조건이 참인 경우 동작을 실행하는 구조를 정확히 이해하고 있나요? | |
| 생활 속에서 조건이 참인 경우 동작을 하는 예를 찾을 수 있나요? | |
| 사용 가능한 명령어를 이용하여 조건이 참인 경우 동작하는 알고리즘을 설계할 수 있나요? | |

## 반복하며 실행되는 프로그램 만들기(2 단계)

● 앵그리 버드가 나쁜 돼지를 잡을 수 있도록 반복을 활용하여 명령을 해봅시다.

### 생각하기

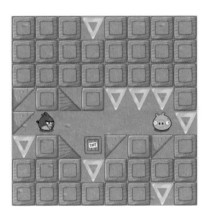

나쁜 돼지를 잡을 수 있게 도와줍시다.

### 알고리즘 만들기

반복 ☐번

### 명령 블록 알아보기

캐릭터가 오른쪽으로 한 칸 움직입니다.

테두리 안의 블록을 반복 실행합니다.

### 프로그래밍하기

● code.org [미로 찾기] 미션 3~5 단계까지 스스로 해봅시다.

| 내 용 | 확인하기<br>(◎, ○, △) |
|---|---|
| code.org [미로] 미션을 해결하고 반복 프로그램을 만들 수 있나요? | |

## 반복하며 실행되는 프로그램 만들기(6 단계)

(　)학년　(　)반　(　)번

이름 :

● 캐릭터가 해바라기까지 이동할 수 있도록 반복을 활용하여 명령을 해봅시다.

### 생각하기

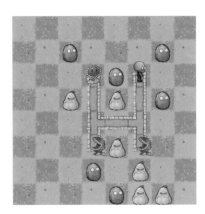

해바라기까지 이동시켜 줍시다.

### 알고리즘 만들기

보기

① 앞으로 이동　　② 오른쪽으로 회전

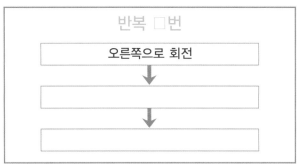

반복 □번

| 오른쪽으로 회전 |
|---|

↓

↓

### 명령 블록 알아보기

　　오른쪽으로 회전 ↻ ▼

캐릭터가 앞으로 한 칸
움직입니다.

캐릭터가 오른쪽으로 90°
회전합니다.

반복 ??? 번
실행　테두리 안의 블록을 반복
실행합니다.

● code.org [미로 탐험] 미션 6~14 단계까지 스
스로 해봅시다.

### 프로그래밍하기

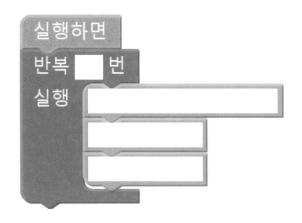

스스로 확인해 봅시다

| 내 용 | 확인하기<br>(◎, ○, △) |
|---|---|
| code.org [미로] 미션을 해결하고 반복 프로그램을 만들 수 있나요? | |

## 반복하며 실행되는 프로그램 만들기(1 단계)

● 꿀벌이 꽃의 꿀을 얻을 수 있도록 반복을 활용하여 명령을 해봅시다.

### 생각하기

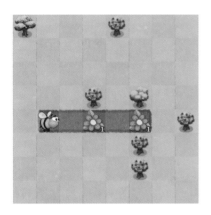

반복을 이용하여 꽃의 꿀을 얻을 수 있도록 도와줍시다.

### 알고리즘 만들기

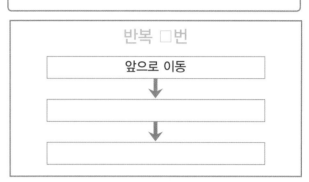

### 명령 블록 알아보기

캐릭터가 앞으로 한 칸
움직입니다.

테두리 안의 블록을 반복
실행합니다.

꽃꿀 얻기  캐릭터가 꽃의 꿀을 얻습니다.

● code.org [꿀벌] 미션 1~7 단계까지 스스로 해
봅시다.

### 프로그래밍하기

| 내 용 | 확인하기 (◎, ○, △) |
|---|---|
| code.org [꿀벌] 미션을 해결하고 순차 프로그램을 만들 수 있나요? | |

## 반복하며 실행되는 프로그램 만들기(8 단계)

( )학년 ( )반 ( )번

이름 :

● 꿀벌이 꽃의 꿀을 얻을 수 있도록 반복을 활용하여 명령을 해봅시다.

### 생각하기

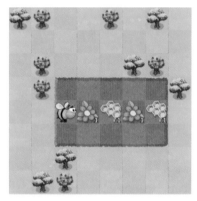

최대한 적은 블록들을 사용해서 모든 꽃의 꿀을 모으고, 꿀을 만들어 주세요.

· 벌집에서는 꿀을 만들 수 있습니다.

### 알고리즘 만들기

보기

① 앞으로 이동    ② 꽃꿀 얻기    ③ 꿀 만들기

반복 □번

| 앞으로 이동 | → | |

| → | 앞으로 이동 | → | |

### 명령 블록 알아보기

테두리 안의 블록을 반복 실행합니다.

꽃꿀 얻기

캐릭터가 꽃의 꿀을 얻습니다.

꿀 만들기

캐릭터가 꿀을 만듭니다.

● code.org [꿀벌] 미션 8~14 단계까지 스스로 해봅시다.

### 프로그래밍하기

스스로 확인해 봅시다

| 내 용 | 확인하기 (◎, ○, △) |
|---|---|
| code.org [꿀벌] 미션을 해결하고 순차 프로그램을 만들 수 있나요? | |

## 회전 블록을 사용하는 프로그램 만들기(1 단계)

● 화가가 그림을 그릴 수 있도록 명령을 해봅시다.

### 생각하기

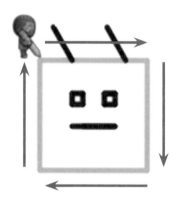

로봇의 머리를 그려보세요. 한 변의 길이가 100 픽셀인 사각형을 그려봅시다.

### 알고리즘 만들기

보기

① 앞으로 이동   ② 오른쪽 돌기   ③ 색 설정

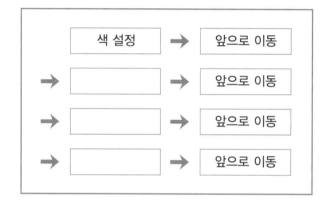

### 명령 블록 알아보기

앞으로 ▼ 이동: 100 pixels
캐릭터가 앞으로 100 픽셀 움직입니다.

오른쪽으로 ▼ 돌기: 90 ▼ 도
캐릭터가 오른쪽으로 90° 회전합니다.

색 설정: ( ■ )   연필의 색을 정합니다.

● code.org [화가] 미션 1~6 단계까지 스스로 해봅시다.

### 프로그래밍하기

실행하면
색 설정: ( ■ )
앞으로 ▼ 이동: 100 pixels
돌기: 90 ▼ 도
앞으로 ▼ 이동: 100 pixels
돌기: 90 ▼ 도
앞으로 ▼ 이동: 100 pixels
돌기: 90 ▼ 도
앞으로 ▼ 이동: 100 pixels

스스로 확인해 봅시다

| 내 용 | 확인하기 (◎, ○, △) |
|---|---|
| code.org [화가] 미션을 해결하고 순차, 반복 프로그램을 만들 수 있나요? | |

## 회전 블록을 사용하는 프로그램 만들기(7 단계)

( )학년 ( )반 ( )번
이름 :

● 화가가 그림을 그릴 수 있도록 명령을 해봅시다.

### 생각하기

화살 그림을 완성해 봅시다. 양쪽 모두 길이가 50 픽셀인 V자를 그려봅시다.

### 알고리즘 만들기

보기

① 앞으로 이동   ② 오른쪽 돌기   ③왼쪽 돌기

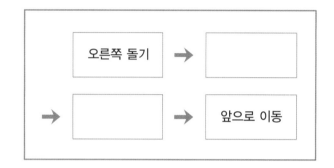

### 명령 블록 알아보기

앞으로 ▼ 이동: 50 pixels

캐릭터가 앞으로 50 픽셀 움직입니다.

오른쪽으로 ▼ 돌기: 45 ▼ 도

캐릭터가 오른쪽으로 45° 회전합니다.

왼쪽으로 ▼ 돌기: 90 ▼ 도

캐릭터가 왼쪽으로 90° 회전합니다.

● code.org [화가] 미션 7~10 단계까지 스스로 해봅시다.

### 프로그래밍하기

실행하면

오른쪽으로 ▼ 돌기: 45 ▼ 도

[          ] 이동: 50 pixels

[          ] 돌기: 90 ▼ 도

앞으로 ▼ 이동: 50 pixels

스스로 확인해 봅시다

| 내 용 | 확인하기 (◎, ○, △) |
|---|---|
| code.org [화가] 미션을 해결하고 순차, 반복 프로그램을 만들 수 있나요? | |

## 말하기 블록 사용하는 프로그램 만들기(1 단계)

● 강아지가 "hello world"라고 말할 수 있도록 명령을 해봅시다.

### 생각하기

강아지가 "hello world" 라고 말하도록 만들어 주세요.

### 알고리즘 만들기

보기

① 말하기　　② 멈추기　　③ 뛰기

시작

⬇

### 명령 블록 알아보기

말하기 동작 " 하고 싶은 말 "

빈칸 안의 내용을 캐릭터가 말합니다.

### 프로그래밍하기

실행하면

말하기 동작 "　　　　　　　"

● code.org [이야기 만들기] 미션 1~5 단계까지 스스로 해봅시다.

스스로 확인해 봅시다

| 내 용 | 확인하기 (◎, ○, △) |
|---|---|
| code.org [이야기 만들기] 미션을 해결하고 순차 프로그램을 만들 수 있나요? | |

## 방향키를 사용하는 프로그램 만들기(6 단계)

● 펭귄이 키보드 방향키로 움직일 수 있도록 명령을 해봅시다.

### 생각하기

키보드 방향키를 사용해 펭귄이 이리저리 움직이도록
만들어 봅시다.

### 알고리즘 만들기

보기

① 위로 이동     ② 아래로 이동
③ 왼쪽으로 이동   ④ 오른쪽으로 이동

| ↑ 누르면 | → | 위로 이동 |
|---|---|---|
| ↓ 누르면 | → | |
| → 누르면 | → | |
| ← 누르면 | → | |

### 프로그래밍하기

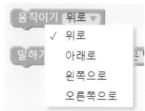

움직이기 위로 ▼
  ✓ 위로
말하기   아래로
    왼쪽으로
    오른쪽으로

왼쪽 방향키를 누르면
움직이기 [    ] ▼

오른쪽 방향키를 누르면
움직이기 [    ] ▼

위쪽 방향키를 누르면
움직이기 [    ] ▼

아래 방향키를 누르면
움직이기 [    ] ▼

스스로 확인해 봅시다

| 내 용 | 확인하기 (◎, ○, △) |
|---|---|
| code.org [이야기 만들기] 미션을 해결하고 순차 프로그램을 만들 수 있나요? | |

## 순서대로 실행되는 프로그램 만들기(1 단계)

●엔트리봇이 책가방을 가지러 가도록 순서대로 명령을 해봅시다.

### 생각하기

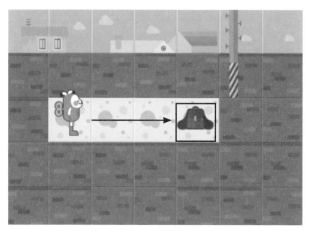

엔트리봇이 책가방을 가지러 가도록 합시다.

### 알고리즘 만들기

문제를 해결하기 위한 방법을 〈보기〉에서 골라 순서대로 써 봅시다.

보기

① 오른쪽 한 칸　　② 왼쪽 한 칸

| 오른쪽 한 칸 |
| :---: |
| ↓ |
| ( ) |
| ↓ |
| ( ) |

### 명령 블록 알아보기

엔트리봇이 오른쪽으로 한 칸 움직입니다.

●엔트리봇 학교 가는 길 1~3 단계까지 스스로 해 봅시다.

### 프로그래밍하기

스스로 확인해 봅시다

| 내 용 | 확인하기 (◎, ○, △) |
| :--- | :---: |
| 엔트리봇 학교 가는 길 미션 1~3 단계를 해결할 수 있나요? | |

# 반복하며 실행되는 프로그램 만들기(11 단계)

( )학년 ( )반 ( )번

이름 :

● 엔트리봇이 책가방을 가지러 가도록 반복을 활용하여 명령을 해봅시다.

## 생각하기

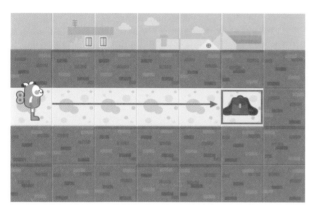

반복 블록을 사용하여 엔트리봇이 책가방을 가지러 가도록 합시다.

## 알고리즘 만들기

문제를 해결하기 위해 몇 번 반복해야 하는지 써봅시다.

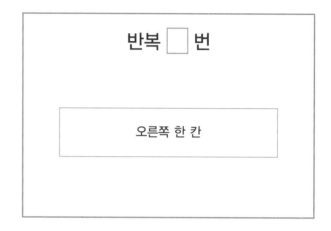

반복 ☐ 번

오른쪽 한 칸

## 명령 블록 알아보기

엔트리봇이 오른쪽으로 한 칸 움직입니다.

테두리 안의 블록을 반복 실행합니다.

● 엔트리봇 학교 가는 길 4~5 단계까지 스스로 해 봅시다.

## 프로그래밍하기

스스로 확인해 봅시다

| 내 용 | 확인하기 (◎, ○, △) |
|---|---|
| 엔트리봇 학교 가는 길 미션 4~5 단계를 해결할 수 있나요? | |

## 순서대로 실행되는 프로그램 만들기(1 단계)

( )학년 ( )반 ( )번

이름 :

● 엔트리봇이 부품더미를 얻도록 순서대로 명령을 해 봅시다.

### 생각하기

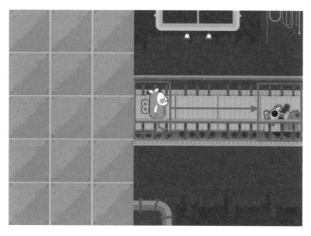

엔트리봇이 부품을 얻도록 이동시켜 봅시다.

### 알고리즘 만들기

문제를 해결하기 위한 방법을 〈보기〉에서 골라 순서대로 써 봅시다.

보기

① 앞으로 한 칸        ② 뒤로 한 칸

| 앞으로 한 칸 |
| --- |

↓

| ( ) |
| --- |

↓

| ( ) |
| --- |

### 명령 블록 알아보기

앞으로 한 칸 이동

엔트리봇이 바라보는 방향으로
한 칸 움직입니다.

● 엔트리봇 로봇 공장 1~7 단계까지 스스로 해
봅시다.

### 프로그래밍하기

스스로 확인해 봅시다

| 내 용 | 확인하기 (◎, ○, △) |
| --- | --- |
| 엔트리봇 로봇 공장 미션 1~7 단계를 해결할 수 있나요? | |

## 반복하며 실행되는 프로그램 만들기(8 단계)

● 엔트리봇이 부품더미를 얻도록 반복을 활용하여 명령을 해 봅시다.

### 생각하기

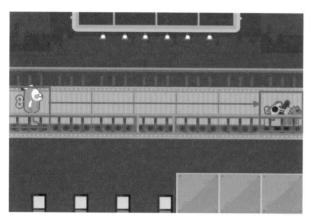

반복 블록을 사용하여 엔트리봇이 부품을 얻도록 이동시켜 봅시다.

### 알고리즘 만들기

문제를 해결하기 위해 몇 번 반복해야 하는지 써봅시다.

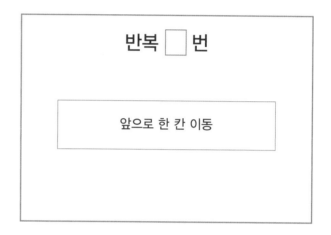

### 명령 블록 알아보기

엔트리봇이 바라보는 방향으로 한 칸 움직입니다.

테두리 안의 블록을 반복 실행합니다.

### 프로그래밍하기

● 엔트리봇 로봇 공장 8~12 단계까지 스스로 해 봅시다.

스스로 확인해 봅시다

| 내 용 | 확인하기 (◎, ○, △) |
|---|---|
| 엔트리봇 로봇 공장 8~12 단계를 해결할 수 있나요? | |

## 순서대로 실행되는 프로그램 만들기

( )학년 ( )반 ( )번

이름 :

● 엔트리봇이 연료 전지를 얻도록 순서대로 명령을 해 봅시다.

### 생각하기

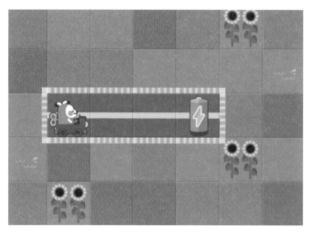

자동차가 계속 움직일 수 있도록 연료를 가지러 가도록
합시다.

### 알고리즘 만들기

문제를 해결하기 위한 방법을 〈보기〉에서 골라 순서대
로 써 봅시다.

보기

① 앞으로 가기 ② 오른쪽으로 돌기 ③ 왼쪽으로 돌기

| 앞으로 가기 |
| --- |

↓

| ( ) |
| --- |

↓

| ( ) |
| --- |

### 명령 블록 알아보기

앞으로 한 칸 이동합니다.

● 엔트리봇의 전기 자동차 1~5 단계까지 스스
로 해 봅시다.

### 프로그래밍하기

| 내 용 | 확인하기<br>(◎, ○, △) |
| --- | --- |
| 엔트리봇의 전기 자동차 1~5 단계를 해결할 수 있나요? | |

## 조건에 따라 명령을 선택하는 프로그램 만들기(6 단계)

( )학년 ( )반 ( )번
이름 :

● 장애물을 만났을 때 돌아갈 수 있도록 명령을 해봅시다.

### 생각하기

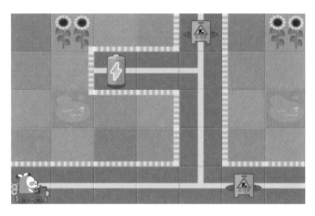

선택 블록과 반복 블록을 사용하여 연료를 얻을 수 있도록 해 봅시다.

### 명령 블록 알아보기

앞으로 한 칸 이동

왼쪽으로 돌기
왼쪽으로 한 칸 이동

오른쪽으로 돌기   오른쪽으로 한 칸 이동

만날 때까지 반복하기   연료를 만날 때까지 반복

만약 앞에 있다면   만약 '장애물'이 앞에 있다면

● 엔트리봇의 전기 자동차 6~10 단계까지 스스로 해 봅시다.

### 알고리즘 만들기

보기

① 앞으로 가기   ② 왼쪽으로 돌기   ③ 오른쪽으로 돌기
④ 연료 만날 때까지 반복하기 ⑤ 만약 '장애물'이 앞에 있다

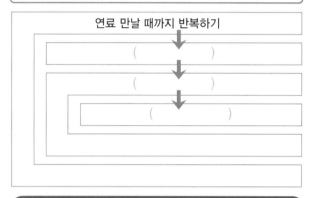

연료 만날 때까지 반복하기

( )

( )

( )

### 프로그래밍하기

시작하기를 클릭했을 때

## 스스로 확인해 봅시다

| 내 용 | 확인하기<br>(◎, ○, △) |
|---|---|
| 엔트리봇의 전기 자동차 6~10 단계를 해결할 수 있나요? | |

## 반복하는 명령 프로그램 만들기(1 단계)

(  )학년  (  )반  (  )번

이름 :

● 엔트리봇이 숲속 친구에게 갈 수 있도록 순서대로 명령을 해 봅시다.

### 생각하기

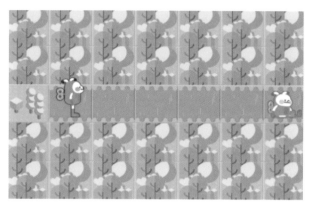

엔트리봇이 숲속 친구까지 가기 위해 같은 명령이 몇 번 반복되는지 생각해 봅시다.

### 알고리즘 만들기

문제를 해결하기 위한 방법을 〈보기〉에서 골라 순서대로 써 봅시다.

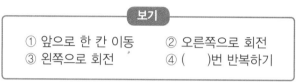

보기

① 앞으로 한 칸 이동      ② 오른쪽으로 회전
③ 왼쪽으로 회전          ④ (    )번 반복하기

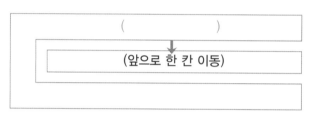

(            )

(앞으로 한 칸 이동)

### 명령 블록 알아보기

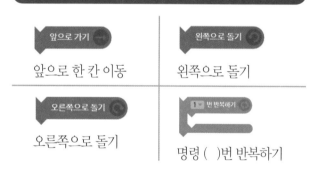

앞으로 가기 → | 왼쪽으로 돌기
앞으로 한 칸 이동 | 왼쪽으로 돌기

오른쪽으로 돌기 | 1 번 반복하기
오른쪽으로 돌기 | 명령 (  )번 반복하기

### 프로그래밍하기

시작하기를 클릭했을 때
  번 반복하기
  앞으로 한 칸 이동

● 계속해서 숲속 탐험의 1~5 단계까지 스스로 해 봅시다.

스스로 확인해 봅시다

| 내 용 | 확인하기 (◎, ○, △) |
|---|---|
| 엔트리봇의 숲속 탐험 1~5단계를 해결할 수 있나요? | |

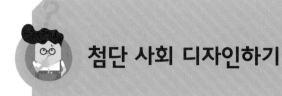

## 첨단 사회 디자인하기

● 원래 있던 물건에 적용된 소프트웨어 기술을 살펴보고 특징을 살펴보세요.

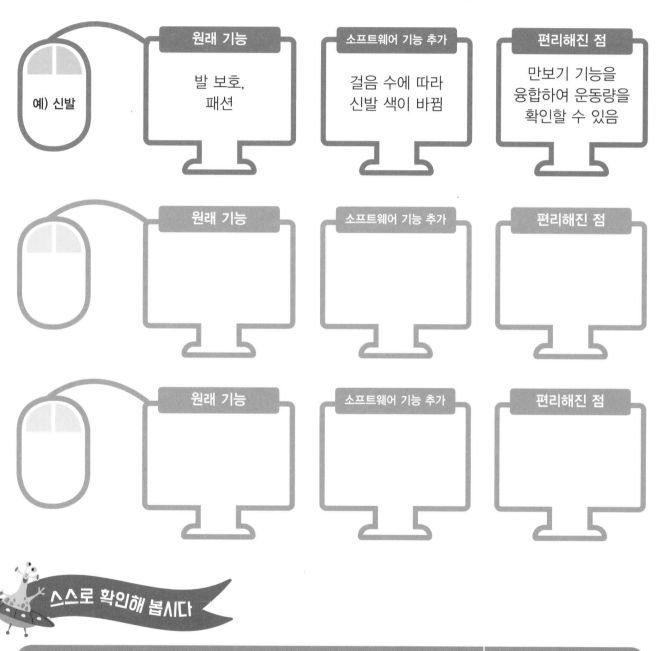

| | 원래 기능 | 소프트웨어 기능 추가 | 편리해진 점 |
|---|---|---|---|
| 예) 신발 | 발 보호, 패션 | 걸음 수에 따라 신발 색이 바뀜 | 만보기 기능을 융합하여 운동량을 확인할 수 있음 |
| | 원래 기능 | 소프트웨어 기능 추가 | 편리해진 점 |
| | 원래 기능 | 소프트웨어 기능 추가 | 편리해진 점 |

### 스스로 확인해 봅시다

| 내 용 | 확인하기 (◎, ○, △) |
|---|---|
| 우리 사회에 사용되고 있는 소프트웨어 기능을 알 수 있나요? | |
| 첨단 사회를 디자인하고 설명할 수 있나요? | |

## 집에서 활용되는 기기와 하는 일 알아보기

(　　)학년　(　　)반　(　　)번

이름 :

● 위기 상황에 활용되는 소프트웨어 기술을 살펴보고 내용과 대처법을 정리해 봅시다.

| 위기 상황 경보 소프트웨어 | 위기 상황 내용 및 대처법 | |
|---|---|---|
| 안전 안내 문자<br>[행정안전부] 오늘 06시15분 제주(제주북부) 호우경보, 산사태·상습침수 등 위험지역 대피, 외출자제 등 안전에 주의바랍니다　오전 6:17 | 상황 | 호우경보 |
| | 대처법 | 위험지역 대피, 외출자제 |
| 안전 안내 문자<br>[행정안전부] 안전안내, 오늘 11시00분 폭염주의보, 낮 동안 야외활동 자제 및 물놀이 안전 등에 유의바랍니다　오전 10:04 | 상황 | |
| | 대처법 | |
| 안전 안내 문자<br>[대구광역시청] 오늘14:29 대구지역(진도 4)발생. 여진등 안전에 주의하시고 피해발생 시 119 및 구군 재난부서에 신고바랍니다.　오후 3:08 | 상황 | |
| | 대처법 | |
| 안전 안내 문자<br>[광주광역시청]금일21시 한파주의보 발효, 노약자 외출자제, 수도동파방지, 화재예방 등 안전에 유의하시기 바랍니다.(888-6119)　오후 2:39 | 상황 | |
| | 대처법 | |

스스로 확인해 봅시다

| 내 용 | 확인하기<br>(◎, ○, △) |
|---|---|
| 위기 상황에 활용되고 있는 소프트웨어를 말할 수 있나요? | |

● 위급한 상황에서 상황을 알리고 대처할 수 있는 소프트웨어를 디자인해 봅시다.

| | |
|---|---|
| 위기 상황 설정 : | |
| 대처 내용 및 방법 : | |
| 위기 대처 SW 디자인하기 | |

**만약 아래의 상황이 발생하면**



⬇

**아래의 명령 실행하기**



● 내가 만든 위기 대처 소프트웨어를 친구들에게 소개해 봅시다.

스스로 확인해 봅시다

| 내 용 | 확인하기 (◎, ○, △) |
|---|---|
| 위기 대처 소프트웨어를 디자인하고 친구에게 소개할 수 있나요? | |

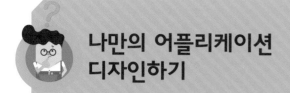

## 나만의 어플리케이션 디자인하기

● 친구에게 내가 만든 어플리케이션을 소개해 봅시다.

| 내 용 | 확인하기 (◎, ○, △) |
|---|---|
| 만들고 싶은 어플리케이션의 다양한 기능들을 적을 수 있었나요? | |
| 만들고 싶은 어플리케이션을 자세하게 디자인할 수 있었나요? | |